重庆“走出去”战略与金砖国家研究协同创新中心论丛

金砖国家与全球治理

BRICS and Global Governance

朱天祥◎编 著

Go Global

时 事 出 版 社
北京

图书在版编目（CIP）数据

金砖国家与全球治理/朱天祥编著．—北京：时事出版社，2019.7
ISBN 978-7-5195-0300-0

Ⅰ．①金…　Ⅱ．①朱…　Ⅲ．①国际合作—研究　Ⅳ．①D812

中国版本图书馆 CIP 数据核字（2019）第 046021 号

出版发行：时事出版社
地　　址：北京市海淀区万寿寺甲 2 号
邮　　编：100081
发行热线：（010）88547590　88547591
读者服务部：（010）88547595
传　　真：（010）88547592
电子邮箱：shishichubanshe@ sina. com
网　　址：www. shishishe. com
印　　刷：北京旺都印务有限公司

开本：787 × 1092　1/16　印张：15. 25　字数：220 千字
2019 年 7 月第 1 版　2019 年 7 月第 1 次印刷
定价：98. 00 元
（如有印装质量问题，请与本社发行部联系调换）

总　序

2009年，四川外国语大学国际关系学院正式成立。在服务国家战略和地方经济社会发展的背景下，学院以国际问题研究所为依托，围绕重庆对外交往与金砖国家内政外交开展了系列研究，主要包括重庆面向拉美“走出去”的风险、重庆与英国关系、重庆与金砖国家经贸投资、金砖国家相互定位、金砖国家与全球治理、金砖国家人文交流机制等，并在此基础上分别成立了城市外交研究中心与金砖国家研究院。2013年，四川外国语大学成功申报并获批重庆“走出去”战略与金砖国家研究协同创新中心（省级）。本论丛即是该协同创新中心主要研究成果的集中体现。

重庆“走出去”战略与金砖国家研究协同创新中心论丛致力于发布与重庆实施“走出去”战略以及金砖国家内政外交相关的研究成果，具体包括《墨西哥中央—地方权力关系研究：发展路径与动因机制》《韩国政治转型中的政党政治研究》《当前金砖国家研究的若干问题》《金砖国家与全球治理》《经济视角下的中国与巴西关系研究》

《中国与巴西关系：发展与聚焦》《重庆地方政府国际合作能力和机制建设研究》《中国“走出去”战略背景下的金砖国家非传统安全问题研究》《金砖国家智库研究》和《全球化时代金砖国家领事保护研究》等著作。我们希望本论丛对进一步推动重庆“走出去”战略研究与金砖国家研究以及二者之间相互关系问题的研究有所帮助，从而为重庆打造内陆开放高地和中央深化金砖国家合作提供政策建议和智力支持。

参与本论丛撰写的作者大都来自四川外国语大学国际关系学院。该团队最大的特点是年轻而富有朝气，奋发进取，积极关注国际关系研究领域的热点问题。近年来，他们结合自身专业方向与研究领域，在重庆对外交往和金砖国家研究方面进行了有益的尝试。或许这些年轻学者在研究功力上仍有待进一步提升，他们的研究成果也存在这样那样的局限，但我们相信，本论丛的出版对他们来说是激励和鞭策，同时我们也相信，他们能够以此为基础，在相关研究领域和议题上取得更多更具有影响力的成果。

感谢学校领导对论丛出版的大力支持，感谢协同创新中心参与单位对论丛编写的鼎力帮助，感谢时事出版社领导特别是编辑部的谢琳主任及其团队对论丛设计、编辑、出版等事务的全力付出。同时，还要感谢四川外国语大学国际关系学院的其他老师和同学们在文献收集和整理以及英文翻译等过程中发挥的重要作用。本论丛得以正式出版是大家共同努力的结果。我们一定不负众望，全力以赴为重庆“走出去”战略研究和金砖国家研究贡献自己的思想与行动。

肖　肃

2017年4月26日于四川外国语大学

目录 Contents

第一章　金砖国家概述

导言：国际制度与国际合作

新自由制度主义理论认为，国际合作的基础是国家间的共同利益，而国际合作的顺利实现则有赖于国际制度的切实保障。国际制度的产生有可能出于某种临时的或基于少数意志的设计，但它一旦形成，便具有路径依赖的发展趋势。一项制度性的国际合作通常可以按照两条路径展开，即制度的深化与制度的扩容。国际合作并非意味着没有竞争或冲突，而是在制度的作用下将负面影响消除或者限制在各合作主体能够承受或接受的范围之内。此外，国际制度虽然基于共同利益，但权力的因素依然重要，制度性权力仍旧是国家关注和争夺的重点。当然，观念因素也对国际合作影响至深，唯有共有观念的建构与维持，方能保证国际制度有效运转，国际合作顺利实现。

第一节　金砖概念的由来

一、金砖之父

吉姆·奥尼尔（Jim O'Neill）生于1957年，是高盛（Goldman Sachs）公司前首席经济学家、前保守党政府部长、英国著名的经济学家。奥尼尔求学于英国谢菲尔德大学，并于1978年获得经济学硕士学位，年仅25岁即获得萨里大学经济学博士学位。他毕业后先是在美国银行从事金融业务，之后加入海洋米德兰银行为国际财资管理部提供咨询服务。1988年他加盟瑞士银行，主要负责固定收益探究小组，同时担任瑞士银行公司（Swiss Bank Corp.）全球研究主管。1997年他进入高盛公司，2001年出任全球经济研究主管，2010年担任高盛资产管理部门主席，其主要研究兴趣是外汇市场。

奥尼尔是"金砖四国"（BRICs）这一重要名词的发明人。他与其团队一道发表了多篇关于BRIC的报告，而BRIC一词也成为代表未来增长机遇的巴西、俄罗斯、印度和中国的代名词。前BBC主席加文·戴维斯（Gavyn Davies）曾评价奥尼尔是过去10年世界顶级的外汇方面的经济学家，彭博市场杂志也将他评为经济学界最具影响力的五十人之一。2013年5月，奥尼尔从高盛退休，之后加入剑桥大学瑞星国际中心，出任国际顾问委员会成员。目前，他还是QFNANCE战略顾问委员会成员，欧洲国际经济学智库布鲁盖尔（Bruegel）董事会成员，以及英国曼彻斯特大学经济学名誉教授。

二、金砖四国

2001年，奥尼尔在《创建更好的全球经济金砖》一文中首次提出“金砖”的概念。他在探讨世界经济形势时指出，高盛公司预测2002年世界GDP增长率为1.7%。就国别而言，巴西、俄罗斯、印度和中国等大型新兴市场经济体各自的增长都将高于G7。同时，从GDP占比来看，虽然按现行计算办法，金砖四国的规模不足8%，但以PPP为准的话，[①] 截至2000年年底，金砖四国的总量就已经占到世界GDP的约23.3%。其中，诸如中国等部分国家的GDP也已超过某些G7经济体。在此背景下，奥尼尔探讨了未来十年基于各种名义GDP假设的四种不同发展前景。他总结道，无论在哪一种前景中，金砖四国的相对权重都将从目前的8%上升至14.2%，或者从23.3%提高到27%。因此，鉴于金砖四国可预期的持续增长，全球经济政策协调的主体有必要扩大到8个或者9个，从而将中国、巴西、俄罗斯和印度囊括进来。奥尼尔最后呼吁，金砖国家推动全球经济发展正当其时。[②]

2003年，奥尼尔在高盛公司的两位同事多米尼克·威尔逊（Dominic Wilson）和露帕·普鲁修撒曼（Roopa Purushothaman）在《与金砖四国一起梦想：通向2050之路》一文中进一步指出，未来

---

① 购买力平价（Purchasing Power Parity）是一种根据各国不同的价格水平计算出来的货币之间的等值系数，以便能够对各国的国内生产总值进行合理比较，这种理论汇率与实际汇率可能有很大的差距。

② Jim O'Neil, Building Better Global Economic BRICs, Global Economics Paper No: 66. 30th November 2001.

50 年，金砖四国将在世界经济中扮演更加重要的角色。尽管目前金砖四国的经济总量不足 G6（美国、日本、英国、德国、法国、意大利）的 15%，但是按照现有的增长速度，金砖四国到 2025 年就能达到 G6 的一半以上，而用不了 40 年的时间，金砖四国加在一起的经济规模将比 G6 还要大。到 2050 年，G6 中或许仅有美国和日本尚能位居全球六大经济体之列。在威尔逊和普鲁修撒曼看来，金砖四国 GDP 的增速和规模都将在 2050 年以前得以稳步提升，但前 30 年的变化会更加显著。值得注意的是，金砖四国的经济增长可能会在前 30 年的末期开始放缓，仅有印度可以到 2050 年仍保持 3% 以上的增长，而且除了俄罗斯以外，金砖四国各自的富裕程度平均而言也可能不及 G6 中的任何一个国家，但金砖四国作为新的需求增长和消费能力的引擎所体现出来的相对重要性，可能会比预期的转变来得更加明显和迅速。

根据两位作者的推算，到 2009 年，金砖四国美元开支的年增长幅度就有可能超过 G6。到了 2025 年，这一比值将是 G6 的两倍。而到了 2050 年，则比四倍还要多。因此，鉴于时下发达经济体的萎缩以及随之而来的消费能力变化，对于全球企业来讲，投资金砖四国这样的新兴市场或许将成为一项越发重要的战略抉择。当然，两位作者同时也提醒，金砖四国持续的经济增长需要稳定的政策和制度予以支持，而实际上每个金砖国家又都面临着维持发展的重大挑战。但只要金砖四国基本上能够符合上述预测，那么它们对增长模式和经济活动就会产生重大影响。[①] 这也是金砖国家值得被重视和期待的重要原因。

三、金砖五国

自2009年以来，南非多次表示希望加入金砖国家合作机制。2010年9月，南非在二十国集团峰会期间正式向金砖四国提出申请。同年12月，作为金砖国家领导人第三次会晤的主办方，中国正式邀请南非加入。此举被南非外交部部长迈特·恩科阿纳—马沙巴内（Maite Nkoana-Mashabane）称为南非收到的最好的圣诞礼物。2011年4月，南非总统祖马（Jacob Zuma）以正式成员领导人身份参加了金砖国家三亚峰会。

南非寻求加入金砖国家合作机制的动因在于：第一，借助金砖四国各自在能源、交通、通信、供水和住房等基础设施方面的优势，推动南非经济社会发展；第二，通过金砖四国对非洲贸易的大幅增长以及对非洲部分国家维和的重大贡献，助力南非关于实现非洲和平、安全、稳定的对非议程；第三，利用金砖四国作为新兴经济体的巨大潜力与迫切需求，提升南非在国际经济与安全事务中的国际话语权。[②]

对于南非加入金砖国家一事，奥尼尔曾明确表示，“如果由我来

---

① Dominic Wilson and Roopa Purushothaman, Dreaming with BRICs: The Path to 2050, Global Economics Paper No: 99. 1st October 2003.

② 徐国庆：《南非加入“金砖国家”合作机制探析》，《西亚非洲》2011年第8期，第96—99页。

决定‘金砖集团’的成员的话，那么南非并不是很好的选择”，甚至连后备名单都上不了。但金砖四国则表示，南非的加入将有利于扩大金砖机制的代表性，增强金砖机制的全球影响，促进新兴市场国家之间的务实合作。尤为重要的是，南非作为非洲最大的经济体，它的加入将进一步带动金砖国家与整个非洲的全面合作。与此同时，南非作为非洲的政治大国，特别是其在南南合作历史进程中的重要地位，对于金砖国家增强自身在国际体系中的影响力和在国际社会中的感召力具有十分重大的意义。

如今，金砖国家已经成为新兴市场国家和发展中国家合作的重要平台。金砖五国分布于亚洲、非洲、欧洲、美洲，均为二十国集团成员。五国国土面积占世界领土面积的26.46%，人口占世界总人口的42.58%，在世界银行的投票权占13.24%，在国际货币基金组织的份额占14.91%。据估算，2016年五国经济总量约占世界总量的23%，贸易和对外投资总额分别占世界总额的16%和12%，对世界经济增长的贡献率高达50%。①

第二节　金砖合作机制的形成与发展

一、前期对话

2006年9月，金砖四国外长在第61届联合国大会期间举行了第一次会晤，揭开了金砖国家合作的序幕。

---

① “金砖国家简介”，https：//www.brics2017.org/gyjzgj/jzgjjs/。

2008 年 5 月，金砖四国外长在俄罗斯叶卡捷琳堡举行会谈，决定在国际舞台上进行全面合作。

2008 年 7 月，金砖四国领导人在日本洞爷湖参加八国集团系列会议期间举行了会晤。

2008 年 9 月，金砖四国外长在俄罗斯叶卡捷琳堡举行会议，就千年发展目标、南南合作、气候变化、能源及粮食安全等问题进行了讨论。

2008 年 11 月，金砖四国财政部长在巴西圣保罗举行了会议，呼吁改革国际金融体系，使其能够正确反映世界经济的新变化。

二、持续深化

2009 年 6 月 16 日，金砖四国领导人在俄罗斯叶卡捷琳堡举行首次会晤。领导人集中讨论了当时全球经济形势和发展领域的紧迫问题以及进一步加强四国合作的前景，呼吁落实二十国集团伦敦金融峰会共识，改善国际贸易和投资环境，承诺推动国际金融机构改革，提高新兴市场和发展中国家在国际金融机构中的发言权和代表性，促进多领域的国际合作，践行联合国可持续发展理念。

2010 年 4 月 15 日，金砖四国领导人在巴西首都巴西利亚举行第二次会晤。领导人集中讨论并商定了推动金砖国家合作与协调的具体举措，并在共同愿景与全球治理、国际金融、国际贸易、发展、农业、消除贫困、能源、气候变化、反恐等方面达成共识。

2011 年 4 月 14 日，金砖国家领导人在中国海南省三亚市举行第三次会晤。领导人以“展望未来、共享繁荣”为主题，对金砖国家的未来合作进行了详细规划，决定深化在金融、智库、工商界、科技、能源等领域的交流合作，重点重申了国际经济金融机构的治理结构应当反映世界经济格局的变化，增加新兴经济体和发展中国家的发言权和代表性。

2012 年 3 月 29 日，金砖国家领导人在印度新德里举行第四次会晤。领导人以“金砖国家致力于全球稳定、安全和繁荣的伙伴关系”为主题，就全球治理、可持续发展、金砖国家合作等问题深入交换了意见，尤其是探讨了建立一个新的开发银行的可能性，从而为金砖国家和其他发展中国家的基础设施和可持续发展项目筹集资金，并对现有的多边和区域金融机构进行补充。

2013 年 3 月 27 日，金砖国家领导人在南非德班举行第五次会晤。本次会晤是金砖国家领导人第一轮会晤的收官之作。领导人以“金砖国家与非洲：致力于发展、一体化和工业化的伙伴关系”为主题，决定设立金砖国家新开发银行、应急储备安排，并宣布成立金砖国家工商理事会和智库理事会，同时在财政、经贸、科技、卫生、农业、人文等近 20 个领域制订了新的行动计划。

2014 年 7 月 15 日，金砖国家领导人在巴西福塔莱萨举行第六次会晤。领导人以“包容性增长的可持续解决方案”为主题，拉开了金砖国家领导人第二轮会晤的序幕。领导人宣布签署成立金砖国家开发银行协议和应急储备安排协议，并就促进国有企业发展、打击跨国犯罪、信息通信技术、文化交流、生物多样性、保险和再保险市场等有关领域的合作进行了磋商。

2015 年 7 月 9 日，金砖国家领导人在俄罗斯乌法举行第七次会晤。领导人以“金砖国家伙伴关系——全球发展的强有力因素”为主题，讨论了进一步加强和拓展金砖国家合作的重要优先领域，通过了《金砖国家经济伙伴战略》，重申了增强金砖国家在国际事务中发挥整体作用的愿景，尤其是以二战结束以及联合国成立70周年为契机，强调了构建和平与发展的未来是金砖国家的共同责任。

2016年10月16日，金砖国家领导人在印度果阿举行第八次会晤。领导人以“打造有效、包容、共同的解决方案”为主题，强调共同应对全球问题以及通过政治和外交途径和平解决争端的重要性，并就农业、信息技术、灾害管理、环境保护、妇女儿童权益保障、旅游、教育、科技、文化等领域的合作进行了沟通协调，同时还探讨了设立一个金砖国家评级机构的可能性。

2017年9月4日，金砖国家领导人在中国厦门举行第九次会晤。领导人以“深化金砖伙伴关系，开辟更加光明未来”为主题，提出了“开放、包容、合作、共赢”的金砖精神，明确了政治安全、经济合作、人文交流的“三轮驱动”合作架构，首创了“金砖+”的概念，承诺共同致力于打造金砖国家合作的第二个金色十年。

2018年7月27日，金砖国家领导人在南非约翰内斯堡举行第十次会晤。本次会晤被誉为金砖合作历史上具有里程碑意义的一次会晤。领导人以“金砖国家在非洲：在第四次工业革命中共谋包容增长和共同繁荣”为主题，详细讨论了如何进一步巩固金砖合作，包括加强多边主义，推动全球治理改革，应对共同挑战；加强和巩固金砖国家国际政治安全合作；推动金砖国家关于全球经济复苏、全球经济金融治理机构改革以及第四次工业革命伙伴关系；加强人文交流合作。

三、扩展对话

2011 年，金砖国家领导人首次在三亚峰会上明确表示，金砖国家合作是“包容的、非对抗性的”，金砖国家“愿加强同其他国家，特别是新兴国家和发展中国家，以及有关国际、区域性组织的联系与合作”。这是金砖国家向其他国家和国际组织发出的对话邀请，也是金砖国家在其他国家要求加入但该机制本身尚不具备进一步扩容基础和条件的情形下做出的一种折中的现实选择。

2013 年德班峰会期间，南非邀请部分非洲国家领导人和非盟主席举行了主题为“释放非洲潜力：金砖国家和非洲在基础设施领域合作”的对话会，达成了《非洲基础设施联合融资多边协议》，从而为金砖国家和非洲领导人讨论如何进一步加强金砖国家和非洲大陆的合作提供了机会。

2014 年福塔莱萨峰会期间，巴西邀请苏里南、阿根廷、玻利维亚、哥伦比亚、智利、厄瓜多尔、圭亚那、巴拉圭、秘鲁、乌拉圭、委内瑞拉共 11 个南美国家参加了金砖国家领导人与南美国家领导人对话会。与会各国领导人围绕“包容性增长的可持续解决方案”这一主题进行了讨论，共商加强金砖国家和南美国家的全方位合作。

2015 年乌法峰会期间，俄罗斯邀请欧亚经济联盟、上海合作组织成员国、观察员国及受邀国领导人参与了同金砖国家的对话会。与会领导人围绕“提高人民福祉”这一主题，共商新兴市场国家和发展中国家在多领域的团结合作，如致力于维护本地区和平稳定、消除贫困和落后，加强地区互联互通和区域经济一体化，扩大贸易和投资，携手打击恐怖主义、毒品走私等跨国犯罪活动。

2016 年果阿峰会期间，印度邀请“环孟加拉湾多领域经济技术合作倡议”成员国领导人与金砖国家领导人举行了对话会。与会领导人围绕“金砖国家同‘环孟加拉湾多领域经济技术合作倡议’成员国：充满机遇的伙伴关系”这一主题，提出要加强在互联互通、贸易投资、海洋经济、人文交流等领域的合作，同时加强经验交流与借鉴，密切在国际事务中的协作，完善全球经济治理体系，携手应对挑战，实现共同发展。

2017 年厦门峰会期间，中国邀请埃及总统塞西、几内亚总统孔戴、墨西哥总统培尼亚、塔吉克斯坦总统拉赫蒙、泰国总理巴育参加了新兴市场国家与发展中国家对话会。与会领导人围绕“深化互利合作，促进共同发展”这一主题，以落实 2030 年可持续发展议程为主线，就“落实可持续发展议程”和“建设广泛的发展伙伴关系”展开了深入交流，在国际发展合作和更广泛的南南合作问题上达成重要共识。

2018 年约翰内斯堡峰会期间，南非邀请了安哥拉、阿根廷、博茨瓦纳、刚果民主共和国、埃及、加蓬、莱索托、马达加斯加、马拉维、莫桑比克、纳米比亚、卢旺达、塞内加尔、塞舌尔、坦桑尼亚、多哥、土耳其、乌干达、赞比亚、津巴布韦、牙买加等国的领导人或领导人代表以及有关非洲区域组织负责人出席“金砖 +”领导人对话会。与会各方同意继续深化新兴市场国家和发展中国家团结协作，提升各领域务实合作水平，共同反对单边主义和保护主义，实现包容性增长和可持续发展，增进各国人民福祉。

第三节 金砖国家合作的内涵

纵观金砖国家领导人历次会晤后发布的声明或宣言，金砖国家合作的领域越来越广，议程也越来越多，似乎有一种无所不包、无所不能的趋势。但概括而言，金砖国家合作的总体方向越来越明确，具体议题也越来越清晰。金砖国家合作已从之前的以经贸为主发展成“就全球经济和政治领域的诸多重大问题进行日常和长期协调的全方位机制”，并逐步从经济、政治双轨并进演变成经济、政治、人文三轮驱动的支柱型架构。正如2017年金砖国家领导人第九次会晤发布的《厦门宣言》所提出的，金砖国家主要致力于以下几个方面的合作：①

第一，深化务实合作，促进金砖国家发展。加强发展经验交流，打造贸易投资大市场，促进基础设施联通、货币金融流通，实现联动发展，并通过包括“金砖 +”合作模式在内的平等灵活的方式，同其他新兴市场和发展中国家建立广泛的伙伴关系。

第二，加强沟通协调，完善经济治理，建立更加公正合理的国际经济秩序。努力提高金砖国家及新兴市场和发展中国家在全球经济治理中的发言权和代表性，推动建设开放、包容、均衡的经济全球化，以促进新兴市场和发展中国家发展，为解决南北发展失衡、

① 参见金砖国家领导人第九次会晤《厦门宣言》。

促进世界经济增长提供强劲动力。

第三，倡导公平正义，维护国际与地区和平稳定。坚定维护以联合国为核心的公正合理的国际秩序，维护《联合国宪章》的宗旨和原则，尊重国际法，推动国际关系民主化法治化，共同应对传统和非传统安全挑战，为人类命运共同体开辟更加光明的未来。

第四，弘扬多元文化，促进人文交流，深化传统友谊，为金砖合作奠定更广泛的民意支持基础。拓展全方位人文交流，鼓励社会各界广泛参与金砖合作，促进各国文化和文明的互学互鉴，增进各国人民之间的沟通和理解，深化传统友谊，让金砖伙伴关系的理念深植于民心。

当然，上述目标的实现有赖于各层级机制的有效运作与有序协同。迄今为止，金砖国家已经形成以领导人会晤为引领，以安全事务高级代表会议、外长会晤等部长级会议为支撑，在经贸、财金、工商、农业、教育、卫生、科技、文化、智库、友城等数十个领域开展务实合作的多层次架构。此外，金砖国家还专门创设了新开发银行、应急储备安排、工商理事会、智库理事会，[①] 同时还单独倡议建立金砖国家文化理事会、金砖国家省州理事会等合作机制。

以 2017 年为例，金砖国家在厦门会晤前举办的机制化会议如表 1—1 所示。[②]

---

① 栾建章主编，广东工业大学金砖国家研究中心执笔：《金砖国家合作机制》，社会科学文献出版社 2017 年版，第 1 页。

② 参见 Xiamen Action Plan，http：//www. brics. utoronto. ca/docs/170904 – xiamen. html#annex – 2。

表 1—1 金砖国家厦门峰会前主要会议与活动汇总

机制层级	会议名称
部长级以上会议	1. 金砖国家领导人汉堡非正式会晤（2017 年 7 月 7 日，汉堡） 2. 金砖国家安全事务高级代表会议（2017 年 7 月 27—28 日，北京） 3. 金砖国家外长会晤（2017 年 6 月 18—19 日，北京） 4. 金砖国家协调人/副协调人会议（2017 年 2 月 23—24 日，南京；2017 年 6 月 14—15 日，青岛；2017 年 7 月 4—5 日，汉堡；2017 年 9 月，厦门） 5. 金砖国家财长和央行行长会议/财政和央行行长副手会议（2017 年 3 月 17 日，巴登巴登；2017 年 4 月 20 日，华盛顿；2017 年 6 月 19 日，上海） 6. 金砖国家本币债券基金工作组会议（2017 年 4 月 20 日，华盛顿；2017 年 6 月 18 日，上海） 7. 金砖国家能源部长会议（2017 年 6 月 7 日，北京） 8. 金砖国家农业部长会议（2017 年 6 月 16—17 日，南京） 9. 金砖国家环境部长会议（2017 年 6 月 22—23 日，天津） 10. 金砖国家航天合作联委会会议（2017 年 7 月 2—3 日，海口） 11. 金砖国家教育部长会议（2017 年 7 月 4—5 日，北京） 12. 金砖国家海关合作委员会会议（2017 年 7 月 5 日，布鲁塞尔） 13. 金砖国家文化部长会议（2017 年 7 月 5—6 日，天津） 14. 金砖国家卫生部长会暨传统医药高级别会议（2017 年 7 月 6—7 日，天津） 15. 金砖国家药品监管合作会议（2017 年 7 月 13—14 日，郑州） 16. 金砖国家科技创新部长会议（2017 年 7 月 18 日，杭州） 17. 金砖国家劳工和就业部长会议（2017 年 7 月 26—27 日，重庆） 18. 金砖国家通信部长会议（2017 年 7 月 27—28 日，杭州）

续表

机制层级	会议名称
部长级以上会议	19. 金砖国家税务局长会议（2017 年 7 月 27—28 日，杭州） 20. 金砖国家工业部长会议（2017 年 7 月 29—30 日，杭州） 21. 金砖国家经贸部长会议（2017 年 8 月 1—2 日，上海） 22. 新开发银行理事会年会（2017 年 4 月 1—2 日，新德里） 23. 金砖国家工商论坛（2017 年 9 月 3—4 日，厦门）
高官会/工作组会/专家会	1. 金砖国家环境高官会议（2017 年 6 月 22 日，天津） 2. 金砖国家教育高官会议（2017 年 7 月 4 日，北京） 3. 金砖国家文化高官会议（2017 年 7 月 5 日，天津） 4. 金砖国家卫生高官会议（2017 年 7 月 5 日，天津） 5. 金砖国家科技创新高官会议（2017 年 7 月 17 日，杭州） 6. 金砖国家工商理事会会议（2017 年 3 月 31 日，新德里；8 月 31 日至 9 月 2 日，上海、厦门） 7. 金砖国家反腐败工作组会议（2017 年 1 月 22 日，柏林；2017 年 4 月 9 日，巴西利亚） 8. 金砖国家知识产权审查员交流会议（2017 年 2 月 20—24 日，那格浦尔） 9. 金砖国家知识产权合作协调小组会议（2017 年 2 月 22—23 日，那格浦尔） 10. 金砖国家经贸联络组会议（2017 年 3 月 20—21 日，北京；2017 年 5 月 23—25 日，北京；2017 年 7 月 30—31 日，上海） 11. 金砖国家统计手册人员会议（2017 年 3 月 27—29 日，上海） 12. 金砖国家海关工作组会议（2017 年 3 月 29—31 日，厦门） 13. 金砖国家中东特使磋商（2017 年 4 月 11—12 日，维沙卡帕特南） 14. 金砖国家就业工作组会议（2017 年 4 月 19 日，玉溪；2017 年 7 月 25 日，重庆）

续表

机制层级	会议名称
高官会/工作组会/专家会	15. 金砖国家环境工作组会议（2017 年 4 月 25—27 日，天津） 16. 金砖国家反恐工作组会议（2017 年 5 月 18 日，北京） 17. 金砖国家知识产权机制第一次会议（2017 年 5 月 23 日，北京） 18. 金砖国家文化工作组会议（2017 年 5 月 25 日，北京） 19. 金砖国家科技创新资金资助方工作组会议（2017 年 5 月 28—31 日，比勒陀利亚） 20. 金砖国家网络安全工作组会议（2017 年 6 月 1—2 日，北京） 21. 金砖国家能效工作组会议（2017 年 6 月 5 日，北京） 22. 金砖国家出口信用保险机构负责人会议（2017 年 6 月 12—15 日，杭州） 23. 金砖国家农业合作工作组会议（2017 年 6 月 15 日，南京） 24. 金砖国家银行合作机制技术小组会议（2017 年 6 月 28—29 日，北京） 25. 金砖国家银行合作机制系列工作组会议（2017 年 6 月 28—29 日，北京） 26. 金砖国家反洗钱代表团团长会议（2017 年 6 月 18—23 日，西班牙） 27. 金砖国家外交政策规划对话会（2017 年 7 月 20—21 日，北京） 28. 金砖国家维和事务磋商（2017 年 7 月 25 日，北京） 29. 金砖国家税务专家会议（2017 年 7 月 25—26 日，杭州） 30. 金砖国家信息通信技术合作工作组会议（2017 年 7 月 26 日，杭州） 31. 金砖国家禁毒工作组会议（2017 年 8 月 16 日，威海） 32. 金砖国家银行合作机制年会暨金融论坛（2017 年 8 月 31 日至 9 月 2 日，北京） 33. 金砖国家知识产权负责人会议（2017 年 4 月 6—7 日，新德里）

续表

机制层级	会议名称
高官会/工作组会/专家会	34. 金砖国家科技创新创业伙伴关系工作组会议（2017 年 4 月 9 日，班加罗尔） 35. 金砖国家信息通信技术及高性能计算工作组会议（2017 年 4 月 23—26 日，广州） 36. 金砖国家研究基础设施和大科学项目合作工作组会议（2017 年 5 月 15—16 日，杜布纳） 37. 金砖国家半导体照明合作工作组会议（2017 年 6 月 19—24 日，杭州）

资料来源：参见 Xiamen Action Plan，http：//www. brics. utoronto. ca/docs/170904 – xiamen. html#annex – 2。

第四节　金砖国家合作的前景

"唱兴"与"唱衰"一直以来都是关于金砖国家合作的两种截然不同的声音。[①] 然而，无论是乐观派还是悲观派，其关于金砖国家合作的机遇与挑战的看法都不是空穴来风。从这个意义上讲，盲目乐观和过分悲观都是不可取的。对金砖国家的考察既要与发达经济体和其他合作机制做横向对比，又要同金砖五国自身历史发展做纵向比较，这样方能对金砖国家的合作成效进行恰如其分的评价，也才能对金砖国家的合作前景做出相对准确的预判。

① 卢静：《金砖国家合作的动力：国际认知及其启示》，《国际问题研究》2017 年第 4 期，第 18—23 页。

表 1—2 对金砖国家合作动力的不同认知

乐观派	悲观派
1. 金砖国家拥有共同的国际战略诉求，均希望借助金砖机制巩固各自在所在地区的大国地位和领导身份，进而为实现其全球抱负奠定坚实的基础	1. 金砖国家在意识形态和政治制度上的差异，在双边和多边经济关系上的竞争性，以及某些双边关系中持续存在的安全困境和不断恶化的政治互信，严重阻碍了金砖国家合作的顺利开展
2. 作为新兴经济体的金砖国家均面临着进一步发展经济的共同任务且相互之间在经济结构上存在巨大的互补性，加上发达国家传统市场的萎缩以及近年来时而兴起的反全球化浪潮，使得金砖国家的合作潜力得到进一步发掘	2. 金砖国家看似复杂的运作机制实际上既存在定位不清、职能重叠、分工不明等问题，又会因制度化程度不高而使其结果导向的有效性有所缺失，从而面临着进一步改进和完善的巨大压力
3. 金砖国家合作机制的不断深化与扩大，使得金砖国家在各领域持续加强战略合作，形成了全方位、多层次、立体化的合作格局以及你中有我、我中有你的高度相互依赖的局面	3. 金砖国家由于其内在的差异性和外部势力的分化，其共同身份最终得以确立并持续保持的难度一直存在，并在某些情况下还有继续加大的可能，从而对其合作前景产生了不可低估的负面影响
4. 金砖国家越来越认可自身的金砖身份，甚至提炼出了共有的金砖精神，在重大的国际和地区热点问题上也形成了更多的金砖共识，从而为日后更大范围和更深层次的金砖行动培育出共同的金砖利益与金砖意识	4. 金砖国家整体经济增速下滑，尤其是部分金砖成员经济发展持续受阻，使得金砖国家合作蒙上了一层不利的阴影，再加上各自可预见的不均衡发展，金砖国家内部将会横生摩擦与矛盾，从而破坏金砖国家合作的根基

资料来源：表格自制。参见卢静：《金砖国家合作的动力：国际认知及其启示》，《国际问题研究》2017 年第 4 期，第 18—23 页。

实际上，金砖国家合作能否以及能在多大程度上走下去，关键还得看金砖国家自身能否化解挑战，把握机遇。对此，作为金砖之父的奥尼尔在2017年接受采访时表示，金砖国家的发展路径基本没有偏离他曾经的预言。其中，中国与印度基本在按照此前预言的那样发展。虽然最近几年巴西和俄罗斯的发展不太尽如人意，但即便如此，它们由于在最初的10年左右发展得很好，依然为全世界的生产总值增长做出突出贡献。他同时指出，只要中国保持稳定，且中国的经济规模保持大于其他金砖国家的总和，金砖国家在2035年超越G7的目标依然能够实现。

第五节　金砖国家与外部世界的关系

金砖合作不是孤立和封闭的合作机制，相反，金砖国家自身及其共同发展需要稳定和谐的外部环境，而金砖国家合作的重要指向之一也在于重新调整和规范与外部世界的关系。总的来讲，金砖国家应当重视并处理好以下几方面的关系：①

一、与发达国家的关系

金砖国家的应运而生本身就是以发达国家作为参照系的，而金

① 朱天祥、李琛：《金砖国家与外部世界的竞争与合作》，肖肃、朱天祥主编：《当前金砖国家研究的若干问题》，时事出版社2017年版，第101—115页。

砖国家合作的影响也将直接触及发达国家在国际体系中的既得利益。以全球金融机构改革为例，在国际货币基金组织的总体权重以及领导职数一定的前提下，金砖国家要求增加份额与投票权以及争取更多高位的诉求必定与发达国家维护其主导权的既得利益产生零和博弈和正面冲突。这不仅是关系到金砖国家与发达国家两方的问题，而且还会对整个国际体系的稳定与国际社会的发展带来实质性影响。然而，从现实来看，金砖国家在实践中并未先验地将发达国家作为必然的敌手，也实在没有必要在战略上将自身的发展摆在发达国家利益的对立面。对于发达国家实力相对衰落而引发的心理失衡和战略恐慌，金砖国家要在充分理解和适度调试的基础上，通过对话与合作同发达国家协调利益分配，争取找到一个满足双方共同利益的平衡点，进而推动南北关系和谐发展。

二、与新兴经济体的关系

虽然金砖国家通常将新兴经济体与发展中国家视为同一类型的伙伴，但是新兴经济体所能扮演的角色和发挥的作用却是其他发展中国家所不能比拟的。相对而言，新兴经济体更具备向中心地带挺进，进而成为核心国家的巨大潜力，加上新兴经济体在诸如G20等全球治理的重要平台上已经获得与金砖国家平等的参与权利，二者接下来很可能因相对获益的问题而产生不可避免的摩擦与猜忌，加上发达国家暂时的让步和必然的反击，金砖国家和其他新兴经济体在要求更多平等权利方面仍会面临巨大的挑战。有鉴于此，金砖国家要继续坚定地站在新兴经济体的行列中，不断扩大相互之间的共同利益，通过结成利益共同体的方式，合力向发达国家争取符合当前国际格局的国际关系新秩序。同时，有必要密切关注其他新兴经济体的战略异动和战术冲动，适时化解因为权利分配不均而引发的摩擦与矛盾，共同维护新兴经济体阵营的长期稳定。

三、与发展中国家的关系

由于南非的加入，金砖国家尤为重视对非洲发展中国家的援助。更重要的是，相对于发达国家及其主导的国际金融机构的援助，金砖国家在对包括非洲在内的发展中国家提供援助时往往强调不附带任何政治条件。但从援助的合法性与有效性出发，金砖国家对发展中国家的援助还是应当设定一些必要的原则和底线。这既有助于应对和解决所谓的“新殖民主义”问题，又有利于金砖国家扩大和巩固国际基础，从而为金砖国家与发达国家、其他新兴经济体之间的竞合提供良好的外部环境。在此过程中，“金砖+”的开放合作模式意义重大，它有助于扩大合作的受益范围，有利于建设更加广泛的南南合作平台。但为了稳妥地推进这一进程，金砖国家在与特定区域的发展中国家打交道时，有必要充分尊重同样来自该区域的金砖成员的利益诉求。这既是保证金砖国家内部团结的重要基础，也是保障金砖国家与发展中国家关系顺利发展的重要条件。

附录

江时学：金砖国家研究中的若干难题（摘编）

难题一：金砖国家的合作重点问题

虽然金砖国家被认为是一个国际组织，但它无章程，因此金砖国家的宗旨只能从金砖国家领导人会晤后发表的联合声明或公报中看出。金砖国家的合作领域在快速增加，可谓无所不包。这当然是可喜可贺的，因为金砖国家加强合作的决心在不断增强。但是，金砖国家不是无所不能的“上帝”，必须有所为而有所不为。只有明确目标，突出重点，才能使金砖国家的合作取得更为理想的成效，才能使五国的合作事半功倍。相比之下，金砖国家更应该在国际问题上发挥作用。如何确定金砖国家在国际舞台上的合作领域，同样是一个值得探讨的重大问题。金砖国家既有积极参与全球治理的良好愿望，也有能力在这一过程中发挥重要作用。这一主观愿望和客观条件意味着，金砖国家在全球治理的地位不容低估。金砖国家应该在全球治理的以下领域开展合作：如何推动全球化、如何构建和谐世界、如何完善有利于发展中国家的国际秩序、如何推动全球金融治理、如何加快多哈回合谈判进程以及如何反击贸易保护主义等。

难题二：金砖国家的机制化问题

举办金砖国家运动会之类的活动当然不需要机制化，但是金砖国家应该在国际舞台上（尤其在全球治理中）发挥更大的作用。因此，为了增强金砖国家合作的成效，适度地推进机制化是必要的。迄今为止，“金砖国家”之间的合作采用的是一种非机制化的形式。这一形式的优势就是五国在开展合作时不受或很少受到制度性约束的限制，运转成本低，但不足之处也是明显的，其中最突出的就是合作成效较差，很容易成为一个“空谈俱乐部”。总之，为了取得更多、更显著的成效，五国应该将能否尽快实现机制化这一重大问题提上议事日程。鉴于能否实现机制化是一个重大的问题，而且五国在这个问题上有不同的立场，因此向机制化方向发展的第一步应该是低度机制化。

难题三：金砖国家的扩容问题

南非进入金砖国家后，国际上有多种多样的议论。南非是非洲大国，加入金砖国家这一组织是天经地义的，其他新兴经济体不必“眼红”。但金砖国家应该以宽广的胸怀，秉持开放和包容的原则，接纳其他一些新兴经济体。金砖国家经常说，它的合作是开放和包容的。如何体现开放和包容？仅仅请一些新兴经济体的领导人旁听或列席金砖国家峰会，能否被视为开放和包容？金砖国家被誉为五个长短不一的手指和一个有力的拳头。毫无疑问，拥有更多的手指，意味着拳头会更大、更有力。更多的成员意味着金砖国家国际地位会更高，在国际上发出的声音会更响亮。何乐而不为？鉴于阿根廷、印度尼西亚、韩国、墨西哥、沙特阿拉伯和土耳其是二十国集团（G20）的成员，在国际舞台上占有重要的一席之地，因此金砖国家集团在“扩容”时应该吸纳这几个新兴经济体，使金砖国家集团成为十一国集团（G11）。

难题四：金砖国家研究的方法论问题

金砖国家研究是一门学问，如何研究金砖国家也是一门学问，这两门学问的难度难分伯仲。金砖国家研究面临着以下两个难题。而且，随着时间的流逝，这两个难题似乎更为突出。第一个困难是如何既看见树木又看见森林。为了改善金砖国家研究的质量，我们应该正确处理国别研究与综合研究的关系。不了解国情，当然无法对金砖国家合作提出有价值的思路和建议；但是，过度拘泥于国别研究，可能会陷入“只见树木而不见森林”的困境，同样无法回答金砖国家如何合作这一重大问题。第二个困难是如何不出“馊主意”。比如，巴西是南方共同市场成员国。根据南方共同市场第32号决议，成员国不可以与第三方签署自由贸易协定，除非得到所有其他成员国的同意。

难题五：中国在金砖国家中的作用问题

作为世界上的第二大经济体、最大的新兴经济体、最大的发展中国家和最大的金砖国家成员国，中国当然应该在金砖国家合作中勇于担当，积极而主动地发挥大国的作用。这一作用既体现在合作的政治意愿中，也反映在经济贡献和其他方面。毫无疑问，没有中国的主动和积极性，金砖国家的合作不会取得今天有目共睹的成就。但国际上也有一些奇谈怪论。我们可以这样说：中国属于金砖国家，金砖国家不是中国一家所有，但中国在金砖国家中发挥着重要作用。金砖国家过去的十年合作表明，中国与该组织的关系是一种双赢：一方面，中国因参与金砖国家合作而提升了自身的国际地位，为巩固新兴经济体在国际舞台上的地位做出贡献；另一方面，金砖国家得益于中国的参与，得益于中国的所作所为。

推荐书目

［1］Cedric de Coning, Thomas Mandrup and liselotte Odgaard eds., *The BRICS and Coexistence: An Alternative Vision of World Order*, London and New York: Routledge, 2015.

［2］Oliver Stuenkel, *The BRICS and the Future of Global Order*, Lanham: Lexington Books, 2015.

［3］Stephen Kingah and Cintia Quiliconi eds., *Global and Regional Leadership of BRICS Countries*, Switzerland: Springer, 2016.

［4］［丹麦］李形主编，林宏宇等译：《金砖国家及其超越——新兴世界秩序的国际政治经济学解读》，世界知识出版社 2015 年版。

［5］［巴西］奥利弗·施廷克尔著，钱亚平译：《金砖国家与全球秩序的未来》，上海人民出版社 2017 年版。

［6］李丹：《金砖国家：世界的希望》，北京工业大学出版社 2012 年版。

［7］复旦大学金砖国家研究中心、金砖国家合作与全球治理协同创新中心：《金砖国家研究（第一辑）》，上海人民出版社 2013 年版。

［8］徐秀军等著：《金砖国家研究：理论与议题》，中国社会科学出版社 2016 年版。

[9] 宋雅楠、[美] 里奇主编：《金砖国家：机制与澳门》，社会科学文献出版社 2016 年版。

[10] 周余云、栾建章：《金砖在失色？——“金砖国家治理体系和治理能力现代化建设国际研讨会”论文集》，中央编译出版社 2016 年版。

[11] 栾建章主编，广东工业大学金砖国家研究中心执笔：《金砖国家合作机制》，社会科学文献出版社 2017 年版。

[12] 林跃勤主编：《金砖国家发展报告（2017）——机制完善与成效提升》，社会科学文献出版社 2017 年版。

[13] 王灵桂、赵江林主编：《金砖国家发展战略对接：迈向共同繁荣的路径——中外联合研究报告（No. 3）（英文版）》，社会科学文献出版社 2017 年版。

[14] 林宏宇、陈文寿主编：《金砖国家概览》，时事出版社 2017 年版。

[15] 陈文玲、李锋：《重塑金砖国家合作发展新优势》，中国经济出版社 2017 年版。

[16] 肖肃、朱天祥主编：《当前金砖国家研究的若干问题》，时事出版社 2017 年版。

[17] 魏建国、李锋：《金砖国家合作机制研究》，社会科学文献出版社 2018 年版。

第二章　金砖国家之巴西

导言：综合国力与国际地位

国际地位指的是一个国家在国际体系中所处的位置，是该国与其他国家进行力量对比后产生的一种结构性状态。一国的国际地位并非一成不变，它会随着该国绝对实力与相对实力的改变而相应地变化。综合国力通常用以衡量和评判一国的国际地位，它是一个国家经济、政治、军事、文化、教育、科技实力的综合性体现。其中，经济实力是根基，是其他各项实力得以存在并发挥影响的重要前提。经济的持续、快速、健康增长将为综合国力的增强创造稳定的动力，从而为国际地位的提升奠定坚实的基础。经济实力与综合国力并不一定同步变化。经济发展带动其他实力进阶需要一定的时间，而其他实力达到一定程度后也不会立即因经济衰退而发生退变。因此，以综合国力为基础的国际地位的形成与变化都是一个相对漫长的过程。

第一节　巴西的金砖身份

巴西联邦共和国位于南美洲东部，北邻法属圭亚那、苏里南、圭亚那、委内瑞拉和哥伦比亚，西界秘鲁、玻利维亚，南接巴拉圭、阿根廷和乌拉圭，东濒大西洋。国土面积851.49万平方公里，海岸线长约7400公里。巴西首都为巴西利亚，官方语言为葡萄牙语，国庆日是每年的9月7日。2017年，巴西人口总数为2.086亿。

巴西经济实力位居拉美之首，世界排名第九。2017年，巴西经济增长率1%，通货膨胀率2.95%，失业率12.7%，基准利率7%，外汇储备3690亿美元，对外贸易总额3684.89亿美元。其中，铁矿石、原油、大豆等是巴西对外出口的主要大宗商品，这与巴西国内丰富的矿产资源、大量的石油储备、优质的农业资源密切相关。

巴西矿物储量位居世界前列的包括铌、锰、钛、铝矾土、铅、锡、铁、铀等29种，同时其石油探明储量居世界第15位，在南美地区仅次于委内瑞拉。尤其是2007年以来，巴西在沿海陆续发现多个特大盐下油气田，预期储量500亿至1500亿桶，使其有望进入世界十大储油国之列。

巴西的农牧业较为发达，咖啡、蔗糖、柑橘、菜豆的产量居世界首位。它是全球第二大转基因作物种植国、第一大大豆生产国、第四大玉米生产国，同时也是世界上最大的牛肉和鸡肉出口国。

表 2—1　巴西主要能源与矿产储量

名称	数量	名称	数量	名称	数量
原油（亿吨）	18	工业用砂（万吨）	266200	铀矿（万吨）	16.3
天然气（亿立方米）	7455	磷矿（万吨）	24600	锰矿（万吨）	13200
石灰岩（亿吨）	530067	长石、白榴石和霞石（万吨）	31700	锡矿（万吨）	77.7
装饰性石料（亿吨）	271923	正长岩（亿吨）	12419	铌钽矿（万吨）	464.5
铁矿（亿吨）	225650	石膏（亿吨）	4000	铜矿（万吨）	1436.5
铝（铝土矿）（亿吨）	26000	菱镁矿（万吨）	34500	金矿（万吨）	1800
煤矿（亿吨）	27710	盐（亿吨）	216	镍矿（万吨）	830
黏土（亿吨）	62244	其他装饰性石料（亿吨）	3916	锌矿（万吨）	620
云母（万吨）	400000	滑石（亿吨）	521	石墨（万吨）	11300
高岭土（亿吨）	70560	蛭石（万吨）	2300		

资料来源：《金砖国家联合统计手册（2017）》和 2006 *Minerals Yearbook BRAZIL*。

巴西的工业体系较为完备，工业实力在拉美排名第一，其主要工业部门包括：钢铁、汽车、造船、石油、水泥、化工、冶金、电力、建筑、纺织、制鞋、造纸、食品等，尤其是其民用支线飞机制造业和生物燃料产业在世界上处于领先水平。巴西的服务业对巴西经济发展举足轻重，它不仅是产值最高的产业，同时也是创造就业机会最多的行业，其主要部门包括不动产、租赁、旅游业、金融、保险、信息、广告、咨询和技术服务等。①

① "巴西国家概况"，中华人民共和国外交部网站，http://www.fmprc.gov.cn/web/gjhdq_676201/gj_676203/nmz_680924/1206_680974/1206x0_680976/。

20 世纪 60 年代末到 70 年代中期，巴西经济年均增长率高达 10.1%，被誉为“巴西奇迹”。80 年代，受高通胀和债务困扰，巴西经济陷入长期滞胀。90 年代，巴西政府推行外向型经济，经济开始逐步复苏。但受亚洲金融危机的影响，1999 年巴西发生了严重的金融动荡，经济增速再次放缓。由于政府采取了有效的金融、汇率、财政和利率政策，1999 年巴西经济仍然增长了 0.8%，外贸逆差状况有所好转，通胀率也被控制在 8.9%。[①] 而这种软着陆为 2000 年巴西的经济增长奠定了较好的基础。从 2000 年开始，巴西经济发展进入到一个相对快速、总体稳定、时有波动的新阶段。尽管在 2002 年巴西的经济增长几乎没有什么起色，然而这种停滞并没有持续到下

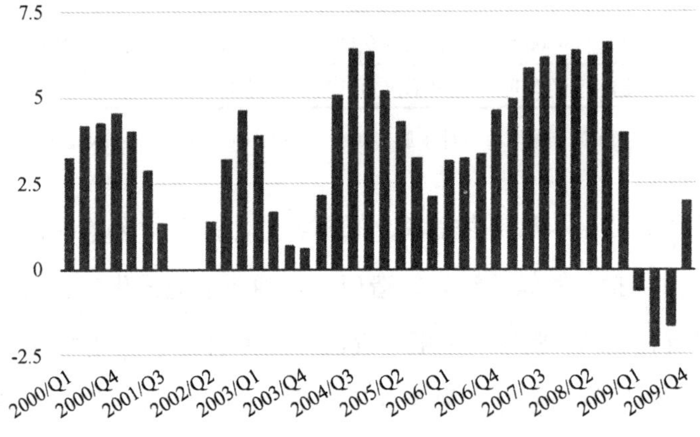

图 2—1　巴西经济增长率（2000—2009 年）

资料来源：TheGlobalEconomy. com，Brazilian Institute of Geography and Statistics（IBGE）.

① 吕银春：《2000 年巴西经济、政治和社会形势简析》，《拉丁美洲研究》2001 年第 2 期，第 20 页。

一个年份。事实上，巴西在2003—2008年期间，经济发展都维持在一个相对较高的水平。这就为巴西GDP总量的持续累积创造了有利的条件，而这同时也是巴西曾经得以跻身全球第七大经济体的重要原因。

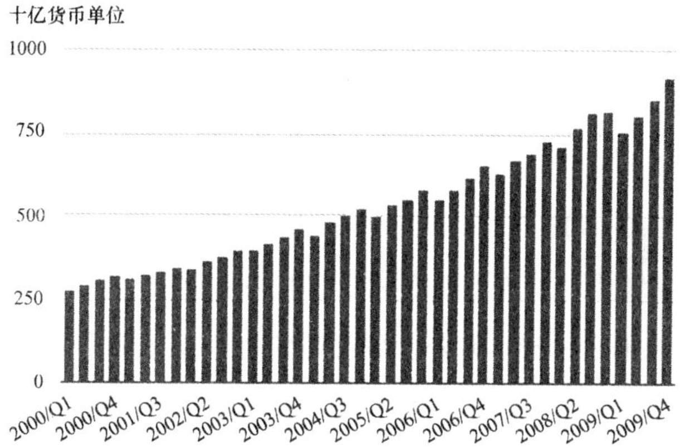

图2—2　巴西国内生产总值（2000—2009年）

资料来源：TheGlobalEconomy. com，Brazilian Institute of Geography and Statistics（IBGE）.

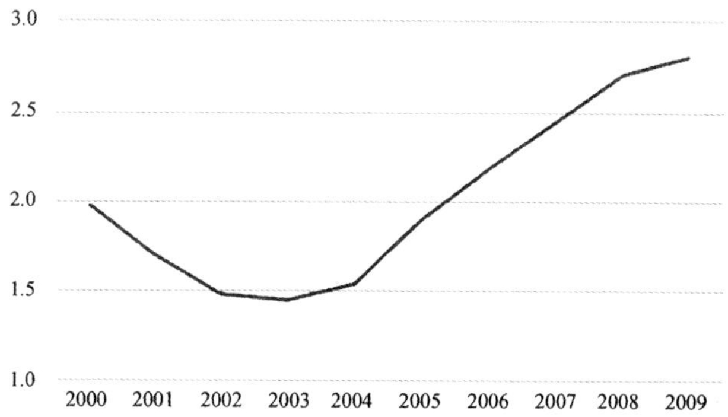

图2—3　巴西占世界GDP总量的比重（2000—2009年）

资料来源：TheGlobalEconomy. com，The World Bank.

第二节　巴西的金砖前景

受美国次贷危机引发的全球金融风暴和经济危机的影响，巴西的 GDP 增长率在 2009 年急速下跌，巴西开始步入经济增长的逆转期。一方面，危机造成巴西股市的剧烈波动，巴西股市总市值的减幅超过 50%，而股市动荡对巴西的原料生产和出口企业以及建筑业企业也有所冲击，就连巴西石油公司和淡水河谷公司这两家巴西最大的企业也难逃一劫。此外，危机还使得大量国际资本流出巴西，进而导致美元兑雷亚尔的汇率不断升值，而巴西自身也面临了巨大的通货膨胀压力。

另一方面，巴西的实体经济也受到不可避免的影响。首先，由于贸易需求减少和出口价格下降的双重挤压，巴西的汽车、木材、机械设备制造等企业出口严重受损，同时超过半数的企业因雷亚尔贬值，其进口原料价格上升，因而不得不承担更高的生成成本。其次，危机导致巴西的工业生产急剧萎缩，汽车生产企业纷纷减产或停产，而作为巴西战略性支柱产业之一的铁矿石生产也开始出现产量下滑的迹象，就连巴西淡水河谷公司这样的世界矿业巨头也不得不先后关闭 7 家矿厂。再次，危机导致国际农产品价格大幅下跌，巴西的主要农作物大豆的价格跌至 2005 年以来的最低水平。此外，巴西的服务业虽然受到冲击的程度相对较小，但是也远远低于之前的平均水平。①

对此，巴西政府从货币、财政、税收、融资、出口、消费等多方面采取了应对危机的政策与措施。其中，巴西特别看重2014年世界杯和2016年奥运会对巴西经济的提振作用，希望通过这两场国际赛事为巴西经济复苏注入一针强心剂。巴西瓦加斯基金会和安永咨询就曾在《可持续的巴西：2014世界杯的经济社会冲击》报告中指出，巴西将从世界杯中收获七大经济利好。而瓦加斯基金会的另一项调查显示，超过60%的里约市和里约州人相信奥运会能够取得成功。里约市长爱德华多·帕埃斯（Eduardo Paes）也说："我们利用奥运会契机吸引投资，做一些我们本来也要做的事情。"② 当然，关于上述两大赛事的实际经济效应也存在不同的声音，有经济学家就认为，即便存在对经济的刺激和促进，那也只是一种规模有限的短期现象，因为无论是世界杯或奥运会都无法从根本上解决巴西经济存在的结构性问题。③

事实证明，世界杯与奥运会对巴西经济增长的拉动确实有限。2015年和2016年巴西经济累计下跌了7.2%，随之而来的便是政府财政赤字居高不下，失业率不断攀升，居民实际收入有所下降，投资停滞不前等后果。2017年，在巴西农牧业大幅增长和民众消费能力有所提升的背景下，巴西经济终于止跌回升，在连续两年衰退后

---

① 岳云霞、孟群：《巴西的反危机经济政策调整及其效果》，《经济学动态》2010年第3期，第148—149页。

② 参见《里约奥运会将成为巴西经济增长的"助推器"》，《中国总会计师》2016年第7期，第154页。

③ 王笑笑：《世界杯影响下的巴西经济》，《中国新时代》2014年第8期，第46—47页。

迎来了首次增长。① 2018 年 4 月，国际货币基金组织将巴西当年的经济增长预期从 1.9% 上调至 2.3%，同时将 2019 年经济增长预期上调至 2.5%。尽管瓦加斯基金会因巴西 GDP 第一季度的增长少于预期以及巴西大选和外部环境的不确定性下调了 2018 年巴西经济增长预期，但是从下调的比例来看，并未影响其对未来巴西经济增长的总体判断。②

第三节　巴西的金砖外交

总的来讲，巴西对金砖国家合作持积极支持和踊跃参与的态度。2010 年，巴西主办了金砖国家领导人第二次会晤，从而在俄罗斯拉开金砖国家最高层级会晤序幕之后，成功推动了金砖国家峰会的进一步机制化。2014 年，在国际社会致力于评估如何摆脱全球金融危机、实现经济强劲复苏并应对包括气候变化在内的可持续发展等挑战的背景下，巴西再次主办了金砖国家领导人第六次会晤，从而为促进金砖团结，提振金砖信心，巩固金砖合作做出了巨大的贡献。2016 年，巴西前总统迪尔玛·罗塞夫（Dilma Rousseff）被弹劾，时任副总统的米歇尔·特梅尔（Michel Temer）先后出任代总统和总统。尽管巴西国内政局出现了剧烈变动，然而新总统还是如约参加

① 陈晓婉：《巴西经济复苏背后的“近喜”与“远忧”》，《经济参考报》2018 年 3 月 8 日。

② 参见中华人民共和国驻巴西联邦共和国大使馆经济商务参赞处网站，http://br.mofcom.gov.cn/。

了2017年在中国厦门召开的金砖国家领导人第九次会晤。

特梅尔总统在临行前曾对媒体表示，金砖聚首恰逢其时，金砖合作成果丰硕，以金砖国家为代表的新兴市场国家和发展中国家的群体性崛起已成为不争事实，金砖机制在国际上受到广泛认可。金砖国家合作领域不断拓展，层次日益加深，从经贸往来到政治、安全再到人文交流，金砖机制持续迸发活力，还为五个国家发展双边关系提供了新机遇。与此同时，巴西国内的各大主流媒体也纷纷关注特梅尔访华和厦门峰会的召开。巴西通讯社刊文称，金砖合作对巴西至关重要。当前巴西经济亟待复苏，金砖国家汇聚了巴西的主要经贸伙伴，而金砖国家致力于全球经济治理改革，对帮助巴西经济恢复增长十分有利。①

具体而言，巴西对金砖国家的外交目标主要体现在以下三个方面。

第一，利用金砖国家合作为巴西实现自身发展提供必要的外部路径。长期以来，在巴西的对外关系议程中，发展议题一直都是其主要内容且占据中心地位。鉴于金砖国家在全球经济中所占的比重及其日益发挥的引领作用，巴西加强同其他金砖成员之间的外交关系将有助于实现巴西国内的经济社会发展目标。与此同时，参与金砖合作还能降低巴西对发达国家的经济依赖，增强巴西经济发展的自主权，并获得更多与发达国家对等谈判的条件，从而为巴西的经济增长营造良好的外部环境。

① 《巴西各界高度重视金砖机制 期待巴中关系更上层楼》，国际在线，2017年9月4日，http：//www. news. cri. cn/20170904/8c42ffdb－f822－7833－cc07－bb578cbedf26. html。

第二，借助金砖国家合作为巴西参与多边国际事务提供基础和便利。巴西历来奉行多边主义的外交传统，而金砖国家合作则为巴西参与多边机制提供了新的平台。基于这一平台，巴西不仅能够有力地推动国际格局的重组，世界秩序的重构，以及气候变化、能源安全、贸易自由化等全球议题的合理解决，而且有助于提升巴西在国际事务中的话语权，增强巴西在发展中世界的国际地位，同时推动实现其重大的国际战略目标。其中，最为典型的例子即是巴西希冀成为联合国安理会常任理事国。作为金砖国家的中国与俄罗斯是现任的常任理事国，其握有的否决权对于巴西的“入常”目标至关重要，而同为金砖成员且同样有着“入常”诉求的印度和南非也都在某种意义上成为巴西联合自强的重要对象。①

第三，经由金砖国家相关机制提升巴西在南美甚至整个拉美的地区领导力。巴西的大国战略不仅意指全球层面和世界范围，而且更首要的则是奠定其在所在地区的主导地位。南非关于“金砖 +”对话的首次实践为巴西提供了可资借鉴的宝贵经验。巴西利用轮值主办金砖国家峰会的契机，专门安排金砖国家领导人与部分南美国家领导人进行对话，从而在同南美各国分享金砖国家发展机遇的同时，既增加了巴西在其他金砖成员面前的地区性实力，又借此确认了巴西对南美地区的代表性，同时还有助于进一步强化巴西在该地区的影响力，进而为巴西的全球大国战略奠定更加坚实的基础。②

回顾巴西参与金砖合作的十年，巴西事实上是从中获益最多的

---

① 周志伟：《巴西参与金砖合作的战略考量及效果分析》，《拉丁美洲研究》2017 年第 4 期，第 112—115 页。

② 牛海彬：《巴西的金砖战略评估》，《当代世界》2014 年第 8 期，第 21—22 页。

国家。首先，金砖国家不仅成为巴西出口增长最快的市场，而且是巴西重要的投资来源国，同时还为巴西提供了更多的融资渠道和发展资金。其次，金砖国家在提升巴西全球治理的代表性和话语权等问题上意义明显。巴西在国际货币基金组织中的份额与投票权有了大幅增加，联合国粮农组织和世界贸易组织的掌门人也被巴西收入囊中。巴西甚至凭借金砖国家这张名片增加了其在国际体系中的含金量，同时也有效地改善了巴西因经济衰退而受损的国家形象。①

需要进一步说明的是，巴西从金砖合作中得到的各种红利大多是在巴西劳工党执政期间实现的。而不同的执政党、不同的领导人则通常会奉行相对不同的外交政策，当然也包括对金砖合作的政策。2019 年 1 月 1 日，极右翼政治家雅伊尔·博索纳罗（Jair Bolsonaro）就任巴西总统。鉴于其在竞选过程中宣称的各种言论和主张，尤其是在外交政策规划中所表现出来的“反左”色彩和“亲美”立场，2019 年在巴西举办的金砖国家领导人第十一次会晤恐将出现一些变数。而即便峰会能够照常进行，也有不少人担心这位巴西新总统究竟能在多少议程和议题上与其他金砖国家领导人达成广泛共识。因此，巴西的金砖外交是否会出现明显变化甚至是重大逆转，已经成为金砖国家关注的最为迫切的问题。

对此疑问的回答可能会受到各方面因素的综合影响，其最终答案也只能拭目以待，但博索纳罗前任的历史或许可以提供一些启

① 贺双荣：《巴西与金砖国家合作机制：战略考量、成果评估及可能的政策调整》，《当代世界》2017 年第 8 期，第 27—28 页。

示。事实上，当巴西民主运动党上台执政时，时任总统特梅尔也曾经强调要保持南北关系的平衡而不是优先发展南南合作。这同样引发了关于特梅尔政府寻求与欧美发达国家在政治上的重新接近，将弱化巴西对金砖国家政治安全对话的承诺与行动，从而更多地将金砖国家合作机制限定在经济范畴，进而影响到金砖国家合作的转型升级等相关问题的探讨。[①] 但也有学者指出，特梅尔政府向西方国家伸出的橄榄枝并不一定会被某些大国欣然接受，这就使得金砖国家合作机制对于巴西的托底作用显得更为重要。从这个意义上讲，巴西彻底改变之前对金砖合作的既定政策的可能性还是较小，金砖外交仍将成为巴西对外战略的重要组成部分。[②] 这在特梅尔政府积极参与金砖合作的过程中得到检验和印证。同理，在巴西综合国力与国际影响力相对固定的前提下，博索纳罗即便有心拉开与金砖国家的距离，恐怕也不得不在现实中承认并重视金砖合作对巴西的重大支撑作用。

第四节　巴西与全球治理

一、巴西参与全球经济治理

巴西参与全球经济治理主要依托二十国集团（G20）和金砖国

① 贺双荣：《巴西与金砖国家合作机制：战略考量、成果评估及可能的政策调整》，《当代世界》2017 年第 8 期，第 28—29 页。

② 周志伟：《巴西参与金砖合作的战略考量及效果分析》，《拉丁美洲研究》2017 年第 4 期，第 121 页。

家两大平台。

一方面，受2008年全球性金融危机的影响，原本主导世界经济格局的七国集团（G7）再也无法独自承担起拉动世界经济增长、维护世界经济稳定的重任，从而为新兴经济体广泛参与全球经济治理提供了前所未有的机会。在此背景下，同时囊括发达经济体和新兴经济体的G20应运而生，并成为当下全球经济治理的主要机制。作为其中一员，巴西的立场与诉求主要表现在以下几个方面：（1）发达国家在全球经济治理中的重要性仍不可替代，发达国家仍应肩负起应有的责任；（2）继续增强发展中国家在全球经济治理体系中的话语权和代表权；（3）反对发达国家将自身矛盾转嫁给发展中国家；（4）鼓励推动G20成员国的基础设施建设。[①]

近年来，在巴西经济连续出现负增长的情况下，巴西领导人更加重视G20平台所带来的展示效应。2016年，巴西总统特梅尔上台后的第一件事情就是考虑如何及时地赶赴中国参加G20杭州峰会，因为这对于吸引更多中国投资者前往巴西至关重要。为此，特梅尔还向盟友施压，要求对前总统罗塞夫的弹劾案审理不要拖延，以免影响其正常的访华行程。时隔一年，由于受到最高检察院的指控，特梅尔原本打算取消参加G20汉堡峰会，但在政府经济团队和外交官员的说服下，特梅尔仍旧在最后一刻做出如期前往的决定。此举再次证明了G20对巴西所具有的重要经济价值。

另一方面，随着新兴经济体的群体性崛起，全球经济治理体系

---

① 左品：《巴西参与G20全球经济治理的角色与行为评析》，《拉丁美洲研究》2015年第5期，第14—15页。

中的权力对比开始发生显著变化，国际社会对重塑与之相适应的全球经济治理格局的呼声也越来越高。在此背景下，通过金砖国家合力推动全球经济治理朝着有利于新兴经济体的方向发展成为巴西对外经济战略的重要一环。具体而言，巴西致力于与其他金砖国家一道有效提升新兴经济体在全球经济治理中的代表性和发言权，而这就直接指向了相关国际经济与金融机构的深度改革。以国际货币基金组织（IMF）为例，与其他新兴经济体的情况大致相似，2010 年以前巴西在其中的投票权份额相对较低，但经过金砖国家的共同努力，巴西的比重在 IMF 新一轮的投票权改革中得到了显著的提升，从 1.714% 增加到 2.218%，一跃进入前十的行列。

然而，发达经济体并不甘心向新兴经济体让渡更多的既得利益，便通过各种方式阻挠和延缓国际金融体系的变迁。有鉴于此，金砖国家做了两手准备：一是继续支持全球多边金融机构发挥重要乃至核心的作用；二是决定成立金砖国家开发银行以及应急储备安排等辅助性机制，从而为应对国际经济和金融公共产品因发达经济体长期垄断而造成的供给不足提供相应的替代方案。而上述两项协议恰好是在巴西主办的金砖国家领导人第六次会晤期间正式签署的。这不仅是金砖国家合作的重大成果之一，而且也是巴西经由金砖国家创造性参与全球经济治理的重要体现。[①]

2018 年 6 月 4 日，金砖国家外长在南非比勒陀利亚举行会晤。会后发布的新闻公报指出，“外长们欢迎新开发银行机构发展，包括

---

① 吴澄秋：《巴西推动全球治理变革的努力与成效——一个比较研究》，《复旦国际关系评论》2016 年 12 月 31 日，第 96、100—105 页。

即将在巴西圣保罗设立的美洲区域中心，该中心将同非洲区域中心一起帮助新开发银行强化在上述两大洲的存在”。[1] 而金砖国家开放银行美洲区域中心的设立不仅有助于扩大金砖国家在美洲的影响，更重要的是有利于巴西进一步巩固和深化其在该地区的主导权和引领力，同时这也是巴西在地区层面推动全球经济治理的又一有力举措。

当然，除了金砖国家这个平台，巴西著名外交官罗伯托·阿泽维多（Roberto Azevêdo）在2013年9月1日正式当选为世界贸易组织总干事以及巴西于2015年3月以创始国身份加入中国牵头组建的亚洲基础设施投资银行，都预示着巴西将在全球经济治理领域发挥越发重要的作用。但与此同时，巴西国内经济结构的单一性、巴西国内政局的不稳定性以及巴西在金砖国家内部的非主导性，都有可能成为妨碍巴西有效参与全球经济治理的重要因素。

二、巴西参与全球安全治理

巴西参与全球安全治理的重要目标之一就是成为联合国安理会新的常任理事国，其主要做法是通过与其他具有相同诉求的大国组成利益集团，开展集体行动，从而争取在全球安全治理中获得更多、更大的话语权。为此，2004年9月，巴西与印度、德国、日本组成“四国同盟”共同申请“入常”。在巴西看来，如果说联合国安理会改革的共识之一即是扩大安理会规模，那么根据地域代表性的原则，

---

① “金砖国家外长会晤新闻公报”，2018年6月4日，http://www.eecdf.org/List-sunshine.aspx?599-627-7224-3.html。

巴西作为拉美地区的人口和经济大国，理应获得被优先考虑的资格。但由于“四国同盟”的要求受到由各国所在地区的竞争对手所组成的“团结谋共识集团”（UfC）的反对，[①] 且“四国同盟”奉行共同进退的捆绑模式缺乏灵活性，巴西的“入常”道路并不十分顺利。有鉴于此，巴西一方面加强了同其他发展中国家的联系，尤其是通过参与“L69 集团”，[②] 以代表更广泛发展中国家的名义，主张增加联合国安理会常任理事国；另一方面则继续强化与印度和南非共同组成的“IBSA 集团”，持续关注和推动联合国安理会改革。[③]

与此同时，巴西还非常重视通过参与联合国维和行动来为其“入常”争取更多的资格和支持。早在 1956 年，巴西就首次派遣一支步兵营到驻西奈半岛的联合国第一期紧急部队（UNEF I）。在接下来的几年里，巴西又接连参加了在刚果（ONUC）、西几内亚（UNSF）、塞浦路斯（UNFICYP）、多米尼加共和国（DOMREP）和印度—巴基斯坦（UNIPOM）的维和行动。但自 1964 年起，巴西的独裁政府就不断疏远与国际多边机构的关系，并逐步停止对联合国维和行动的参与，最终于 1977 年退出了联合国维和行动特别委员会。直到 1988 年新宪法出台，巴西才开始重新重视多边主义。在

---

① “团结谋共识集团”以意大利为首，其他领导国家为韩国、墨西哥、阿根廷和巴基斯坦。其目前共有 70 多个成员国，主要是发展中国家，用以抗衡四国联盟争取加入安理会的要求。这些国家的大使经常在咖啡馆商讨相关问题，因而其也被称为“咖啡俱乐部”。

② L69 集团形成于 2007 年，得名于当时围绕联合国安理会改革展开讨论的开放工作组内一个由印度起草并由印度、巴西、南非、尼日利亚等 25 个国家发起的决议草案（A/61/L69）。参见吴澄秋：《巴西推动全球治理变革的努力与成效——一个比较研究》，《复旦国际关系评论》2016 年 12 月 31 日，第 99 页。

③ 吴澄秋：《巴西推动全球治理变革的努力与成效——一个比较研究》，《复旦国际关系评论》2016 年 12 月 31 日，第 99—100 页。

1999—2002 年间，巴西参加了当时 42 个联合国维和行动中的 20 个。巴西人还领导了联合国安哥拉查证特使团（UNAVEM）军事观察员队伍以及联合国莫桑比克行动（ONUMOZ）部队，同时担任了秘书长特别代表等职务。

总的来讲，除了参与东帝汶维和任务外，巴西在 20 世纪 90 年代和 21 世纪初期对联合国维和行动的参与并不显著。但巴西在 2005 年参加联合国海地稳定特派团（MINUSTAH）则成为巴西大幅介入联合国维和行动的重要转折，仅其部署的相关人员就从 83 人猛增到 1367 人，并于 2010 年达到 2190 人。不仅如此，巴西还先后于 2005 年和 2008 年成立了“军队和平行动训练中心”（CIOpPAZ）以及“海军和平行动学院”。在卢拉总统执政时期，巴西发挥国际影响的实力和参与国际决策的意愿都得到明显提升，从而推动巴西在参与维和行动的方式与地域上发生了相应的转变。一方面，以联合国海地稳定特派团为例，巴西作为拉美地区代表成为特派团人员的主要贡献国家。更为重要的是，巴西人在其中担任前所未有的军事指挥官职务。另一方面，巴西将维和行动的地域从之前的葡语国家扩展到包括其他发展中国家的更大范围。

2003—2010 年，卢拉政府派员参与了联合国 8 个维和任务中的 6 个。至罗塞夫上台时，巴西已是联合国维和行动军事与民事人员的第 11 大贡献国。罗塞夫政府基本上延续了卢拉政府的做法，在巴西参与联合国维和行动的规模和内容上并未做出多少变更之举。但特别值得一提的是，自 2011 年 2 月以来，巴西领导了联合国驻黎巴嫩临时部队的海事特遣部队，并成为第一个承担这一角色的非北约国家。由此看来，只要巴西仍旧追求新兴大国地位，仍执着于成为联合国安理会常任理事国，巴西对联合国维和行动的参与和介入就会持续地进行下去。而这也有助于进一步彰显巴西在维稳、推动发展与冲突协调以及代表南方国家等方面的附加值。①

三、巴西参与全球发展治理

1992年6月，联合国环境与发展会议在巴西里约热内卢召开。这是继1972年瑞典斯德哥尔摩联合国人类环境会议之后，规模最大、级别最高的一次国际会议。会议围绕环境与发展这一主题，就维护发展中国家主权和发展权，以及发达国家向发展中国家提供资金和技术等问题进行了讨论与谈判，最终通过了《关于环境与发展的里约热内卢宣言》《21世纪议程》和《关于森林问题的原则声明》等3项文件。会议结束后，巴西政府开始着手制定本国的可持续发展战略，并以社会稳定发展与自然供需两大平衡为基石，采取诸如消除贫困，保护生物多样性，改善人类健康，开发居民住宅区，推进农业、农村可持续发展，建立生态平衡经济发展区，保护大气，重视教育，增加科技投入等举措。②

1997年3月，由地球理事会（Earth Council）发起，③ 来自全球

---

① See Rita Santos and Teresa Almeida Cravo, "Brazil's rising profile in United Nations peacekeeping operations since the end of the cold war", The Norwegian Peacebuilding Resource Centre, 2014.

② 曾思育、李雨松、傅国伟：《巴西的可持续发展》，《世界环境》2000年第1期，第10—12页。

③ 地球理事会缘起于筹备1992年联合国环境与发展大会。其初衷在于动员和支持致力于实现联合国环境与发展会议目标的公民团体、非政府组织和其他组织网络；其使命是培育和增强人们建立更安全、公平和可持续未来的能力。

70 多个国家和地区的可持续发展机构和组织再次聚会巴西里约热内卢，举办了“里约 +5 论坛”。该论坛旨在评议五年来全球贯彻执行 1992 年联合国环境与发展大会的情况，讨论执行可持续发展的关键性战略和管理机制以及新的合作方式。会上，巴西代表对制定本国 21 世纪议程的情况进行了介绍，强调除政府牵头外，还需要社会各界的广泛参与。此外，巴西代表还跟与会者分享了本国在落实可持续发展战略过程中的一些有益做法。比如，通过向困难家庭提供补助、减少失学儿童比例、建立平民银行、向低收入家庭提供小额贷款等方式消除贫困，以及通过开发甘蔗酒精取代石油燃料，减少对环境的污染等。①

2012 年 6 月，巴西再次在里约热内卢承办联合国可持续发展大会，又称“里约 +20”峰会。这是继 2002 年南非约翰内斯堡可持续发展世界首脑会议后，国际可持续发展领域举行的又一次大规模、高级别会议。本次会议的主题是“绿色经济在可持续发展和消除贫困方面作用”和“可持续发展的体制框架”。其主要目标包括：重拾各国对可持续发展的承诺；找出目前我们在实现可持续发展过程中取得的成就与面临的不足；继续面对不断出现的各类挑战。作为发展中国家的一员，巴西坚持“共同但有区别的责任”原则和多边主义精神，强调绿色发展的公平性，反对贸易保护主义。此外，巴西还与欧盟、南非、联合国环境规划署、联合国开发计划署等一道主张对已有机构进行大幅改革，通过成立可持续发展委员会（SDC）等新机构，统筹管理可持续发展。

① 陈琨：《当前全球可持续发展的趋向——巴西“里约 +5 论坛”述评》，《中国人口·资源与环境》1997 年第 3 期，第 92—93 页。

以气候变化为例，巴西的官方政策与立场主要经历了三个阶段。

第一，拒绝和抵制阶段（1972—1989 年）。巴西政府认为，当时国际社会关于环境保护的提议不过是为了阻止巴西的现代化，以保持工业化国家的既有优势，因此巴西坚决捍卫自身发展权，并提出不能以环境质量牺牲发展。进入 20 世纪 80 年代以后，虽然巴西迫于外部压力提出了一些保护热带雨林，发展清洁能源的计划，但是巴西政府总体上属于消极应付，也很少参与国际社会对气候变化问题的研究。

第二，建设性参与阶段（1990—2003 年）。20 世纪 90 年代以来，巴西政界与学界对气候变化问题的态度发生了积极的转变。巴西不仅在主办联合国环境与发展大会时带头签署了《联合国气候变化框架公约》，而且在参与《京都议定书》的谈判过程中，建设性地提出了建立清洁发展基金的意见，同时为“共同但有区别的责任”这一新理念和新原则贡献了巴西的智慧与方案。

第三，积极推动阶段（2003 年以来）。卢拉政府时期，巴西从联合国气候变化谈判的参与者转变为推动者。2007 年，巴西成立了气候变化部际委员会，通过了国家气候变化计划，建立了全球气候变化研究网络。2009 年，巴西又成立了气候变化委员会，颁布了《国家气候变化政策法》。2010 年，巴西还设立了国家气候变化基金。与此同时，巴西在全球气候变化谈判中的立场也更为积极和灵活，不仅自己率先提出减排目标，而且还试图调和发达国家与发展中国家之间的分歧，起到了一定的桥梁与纽带作用。①

---

① 贺双荣：《巴西气候变化政策的演变及其影响因素》，《拉丁美洲研究》2013 年第 6 期，第 26—29 页。

2015 年 9 月，巴西总统罗塞夫在联合国可持续发展峰会上宣布了巴西的国家自主贡献报告。因其减排目标相比其他国家而言更加振奋人心，巴西被认为对巴黎气候变化大会产生了正面影响。但也有人指出，其实在减排方面，巴西仍有进一步提升的空间。[①] 而就在巴黎气候大会召开之前，美国皮尤研究中心的一项调查显示，巴西 86% 的受访者认为气候变化问题非常严重，这使得巴西成为全球受访的 40 个主要经济体中最关心气候变化的国家。[②] 2018 年，德国观察（Germanwatch）、国际气候行动网络（Climate Action International）以及新气候研究所（NewClimate Institute）联合对全球 60 个主要碳排放经济体在控制大气污染方面所做出的努力进行了评估和排名。其中，巴西位列第 19 位，属于中等表现国家。但事实上，巴西曾在 2012 年获得过全球第 4 位的排名。[③] 这也意味着巴西在以气候变化为代表的可持续发展问题上仍旧任重而道远。

◆ 附录 ◆

方旭飞：《巴西劳工党的执政经验与教训》（摘编）

巴西劳工党成立于 1980 年，它在成立后短短 30 多年里从东南

---

① 何露杨：《巴西气候变化政策及其谈判立场的解读与评价》，《拉丁美洲研究》2016 年第 2 期，第 85—86 页。

② “全球民众眼中的气候变化：巴西最关心　中国最不关心”，搜狐网，2015 年 11 月 25 日，http：//www. sohu. com/a/44151452_ 168553。

③ “应对全球气候变化表现　巴西排全球第 19”，南美侨报网，2018 年 3 月 26 日，http：//www. br-cn. com/news/br_ news/20180326/105413. html。

部圣保罗地区的一个小党，发展成一个拥有170多万党员的全国性政党以及拉美地区最大和最重要的左派政党。2002年，劳工党领袖路易斯·伊纳西奥·卢拉·达席尔瓦（Luiz Inácio Lula da Silva）在总统竞选中获胜，成为巴西历史上第一位工人出身的总统。2006年卢拉再次高票当选总统。2010年，劳工党女政治家迪尔玛·罗塞夫赢得总统选举。2016年8月31日，罗塞夫正式遭到参议院弹劾，被罢免总统职务。随后，巴西民主运动党主席米歇尔·特梅尔正式出任巴西总统。巴西劳工党长期执政的局面暂告一个段落。

执政前，劳工党的政治理念和政策主张比较激进，主张寻求新自由主义的替代方案，建立一个超越资本主义秩序的新社会，实现民主的社会主义。但受选举形势所迫，劳工党对党的政策主张、选举战略等方面进行了及时调整，使劳工党从一个激进的左派政党演变为一个温和的实用主义的政党，也为党不断发展壮大并上台执政提供了重要的政治和社会基础。

执政后，连续三届劳工党政府均未中断卡多佐政府实施的新自由主义经济改革路线，保证了政策的稳定性、持续性和连贯性，为巴西实现经济增长提供了保证。此外，卢拉政府和罗塞夫政府制订和实施了一系列社会计划，为保护社会最底层民众筑起了“社会安全阀”，也为解决巴西严重的社会问题和矛盾做出重要贡献。总之，劳工党政府在“实现社会公正，推动经济发展”方面付出了巨大努力，取得了重要成就，也为劳工党连续执政打下了扎实的基础。

然而，作为一个左派政党，劳工党执政后的主要政策与执政前的政治理念和承诺相去甚远。对财富进行再分配是劳工党成立时的主要纲领性诉求，但其执政后遵循市场经济规律，执行新自由主义发展模式，力图在财政限制及不威胁特权阶层利益的前提下促进社会进步。在社会领域，尽管实施了受人欢迎的收入转移计划，但在土地改革、教育、医疗等领域，实用主义是劳工党政府政策的主要特征。

与此同时，作为一个左派政党，劳工党未能制定和实施左派议程，因而受到党内外左派人士的批评，党内出现认识分歧和组织分裂，遭到无地农民运动等社会运动组织的抗议。如何在保持左派本色的同时维护政治经济和社会稳定，促进社会进步和发展，是劳工党未来面临的严峻挑战。

◆ 推荐书目 ◆

［1］Susan Casement Moreira, *Understanding Brazil: A Reader's Guide*, Fundacao Alexandre de Gusmao, 2009.

［2］José Vicente de Sá Pimentel, eds., *Brazil, BRICS and The International Agenda*, FUNAG, 2013.

［3］M. Fraundorfer, *Brazil's Emerging Role in Global Governance: Health, Food Security and Bioenergy*, Springer, 2015.

［4］孙兴杰：《金砖四国之路：巴西——翩翩起舞的桑巴》，长春出版社 2010 年版。

［5］周志伟：《巴西崛起与世界格局》，社会科学文献出版社 2012 年版。

［6］李放、卜凡鹏：《金砖国家崛起系列之四巴西——“美洲

豹”的腾飞》，民主与建设出版社 2013 年版。

［7］［美］维尔纳·贝尔著，罗飞飞译：《巴西经济——增长与发展（第七版）》，石油工业出版社 2014 年版。

［8］［巴西］杜鲁·维也瓦尼、加布里埃尔·塞帕鲁尼著，李祥坤、刘国枝、邹翠英译：《巴西外交政策：从萨尔内到卢拉的自主之路》，社会科学文献出版社 2015 年版。

［9］刘文龙、万瑜：《巴西通史》，上海社会科学院出版社 2017 年版。

［10］［美］戴维·马拉斯、［美］哈罗德·特林库纳斯著，熊芳华、蔡蕾译：《巴西的强国抱负：一个新兴大国崛起之路的成功与挫折》，浙江大学出版社 2018 年版。

第三章　金砖国家之俄罗斯

导言：自然资源与经济外交

自然资源既是一个国家综合国力的重要基础，也是一个国家发挥其国际影响的重要依托。丰富的自然资源有助于促进本国经济的可持续增长，也可以通过出口的方式为本国的快速发展获取外部的支撑与动力，与此同时还能够借助资源“走出去”影响其他国家的发展与政策，进而有利于奠定和巩固自身在地区和全球体系中的主导权和话语权。但需要注意的是，如果一个国家过度依赖自然资源，尤其是不可再生资源作为自身发展的根基和对外交往的支柱，那么一旦资源濒临枯竭或面临可替代选择，资源依赖型国家和资源依附型国家就有可能陷入内部发展停滞、外部关联式微的困境，从而引发各种潜在的政治与社会矛盾，进而可能导致不同范围的国际格局和国际秩序在不同程度上发生变动与演化。

第一节 俄罗斯的金砖身份

俄罗斯联邦横跨欧亚大陆，东西最长9000公里，南北最宽4000公里。西北面与挪威、芬兰接壤，西临爱沙尼亚、拉脱维亚、立陶宛、波兰、白俄罗斯，西南面邻国是乌克兰，南接格鲁吉亚、阿塞拜疆、哈萨克斯坦，东南面接中国、蒙古和朝鲜，东面与日本和美国隔海相望。国土面积1709.82万平方公里，位居世界第一，海岸线长33807公里。俄罗斯首都为莫斯科，国庆日（国家主权宣言通过日）为每年的6月12日。截至2018年3月，俄罗斯人口总数为1.46亿，民族194个，俄语是俄罗斯联邦全境内的官方语言，各共和国有权规定自己的国语，并在该共和国境内与俄语一起使用。

2017年，俄罗斯国内生产总值同比增长1.5%。截至2018年3月16日，俄罗斯外汇储备约4554亿美元。俄罗斯自然资源十分丰富，种类多，储量大，自给程度高。森林覆盖面积1126万平方公里，占国土面积65.8%，居世界第一位。木材蓄积量居世界第一位。煤蕴藏量居世界第五位。铁、镍、锡蕴藏量居世界第一位。黄金储量居世界第三位。铀蕴藏量居世界第七位。天然气已探明蕴藏量占世界探明储量的25%，居世界第一位。石油探明储量占世界探明储量的9%。[①] 俄罗斯也因此被誉为"世界加油站"。

① "俄罗斯国家概况"，中华人民共和国外交部网站，http://www.fmprc.gov.cn/web/gjhdq_676201/gj_676203/oz_678770/1206_679110/1206x0_679112/。

表 3—1　2015 年俄罗斯主要自然资源储量

自然资源	储量
淡水资源（亿立方米）	46479
原油（亿吨）	297
天然气（万亿立方米）	70
煤矿（亿吨）	2750
铁矿（亿吨）	1100
锰矿（万吨）	23000
铜矿（万吨）	9780
铅矿（万吨）	1780
锌矿（万吨）	5987
铝土矿（万吨）	140700
钨矿（万吨）	134
锡矿（万吨）	217
金矿（吨）	13800
银矿（吨）	119000

资料来源：《金砖国家联合统计手册（2017）》。

俄罗斯的石油工业发展最早可以追溯到 17 世纪末、18 世纪初。当时，彼得大帝下令设立了矿产事务衙门，以此统管全俄境内的矿产资源开采，促进了俄罗斯石油工业的兴起，并在 19 世纪末迎来了第一个发展高潮。十月革命前后，由于第一次世界大战和国内政局与国有化政策的影响，俄国的石油工业受到严重破坏，但后来苏联的石油生产并未受到世界经济危机和第二次世界大战的冲击，反而产量年年递增，并曾在 20 世纪 70 年代中期和 80 年代后期达到苏联历史上的最高水平。然而，90 年代初期，美国对其战略石油储备的解冻和沙特石油产量的大幅提升，导致国际市场油价低于苏联石油生产成本，从而加速了苏联在经济上的崩溃和政治上的解体。从 1992 年开始，俄罗斯启动了石油部门的私有化进程。通过建立一批大型垂直一体化石油公司并允许其开展市场化管理和运作，俄罗斯石油工业在 20 世纪末基本上摆脱了危机。①

自 1999 年 3 月开始，鉴于国际市场原油价格持续走高，俄罗斯有意识地逐步提高原油产量，增加原油出口，并于 2003 年超过沙特阿拉伯，再次成为世界第一产油国。此举不仅使石油工业成为俄罗斯获利最高的产业，而且带动了其他相关产业的可持续发展，进而造就了俄罗斯自苏联解体以来经济连续 8 年快速增长的大好局面。与此同时，由于国内需求的迅速增加和国际市场的不断扩大，俄罗斯也进一步加大了天然气的生产和销售。从 2001 年到 2005 年，俄罗斯天然气产量的年均增幅达到 2%，而且在 2006 年之后继续以更大幅度增长。俄罗斯政府也通过制定针对新旧油田的不同税收政策，以及东西伯利亚与远东地区天然气资源开发规划等措施，确保石油天然气工业在国民经济中的战略地位。②

总的来讲，在经历了 1992—1998 年的转型性经济危机之后，俄罗斯开始进入 1999—2002 年的恢复性经济增长时期。该阶段的俄罗斯经济虽然增长势头有所逆转，但是毕竟维持了正向发展。除了国

---

① 石泽、何小平：《俄罗斯石油天然气工业发展的全景式画卷》，《东北亚学刊》2013 年第 2 期，第 29 页。

② 李蓉：《石油天然气工业在俄罗斯国民经济中的战略地位和作用》，《俄罗斯中亚东欧市场》2007 年第 3 期，第 28—29 页，第 33—34 页。

际能源价格上涨的因素外，卢布的贬值、俄罗斯对外经济关系的恢复，尤其是普京上台后所采取的稳定政权和刺激经济的政策都在很大程度上保障了俄罗斯的经济复苏。自2003年以来，俄罗斯经济开始呈现稳定增长的态势。这一阶段俄罗斯的GDP增长始终保持在5%以上，甚至达到7%以上的水平。一方面，这自然得益于持续上涨的高油价。以伦敦布伦特原油价格为例，2008年的年均价格比2003年的年均价格提高了28%。另一方面，普京政府在市场经济制度方面的建设，加强国家对经济的干预，推行四大民生工程等举措也都为经济快速发展提供了良好的外部环境。[①] 也正是基于各方面的积极因素，俄罗斯的经济实力不断增强，国际地位不断提高，从而为其成为金砖一员奠定了坚实的基础。

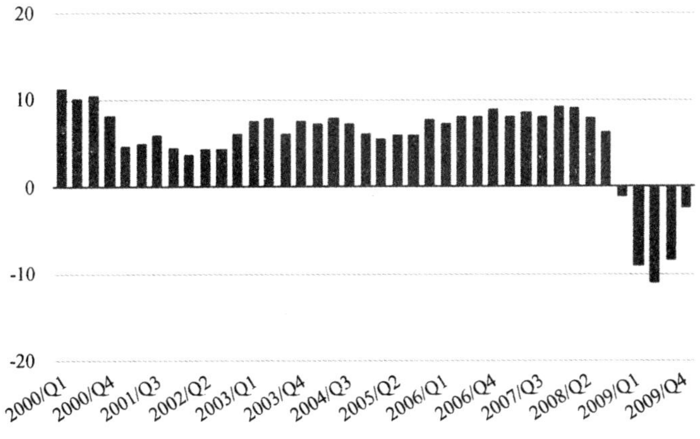

图3—1　俄罗斯经济增长率（2000—2009年）

资料来源：TheGlobalEconomy. com，Federal State Statistics Service of Russia.

① 郭晓琼：《俄罗斯经济增长动力与未来发展道路》，《俄罗斯研究》2014年第4期，第194—195页。

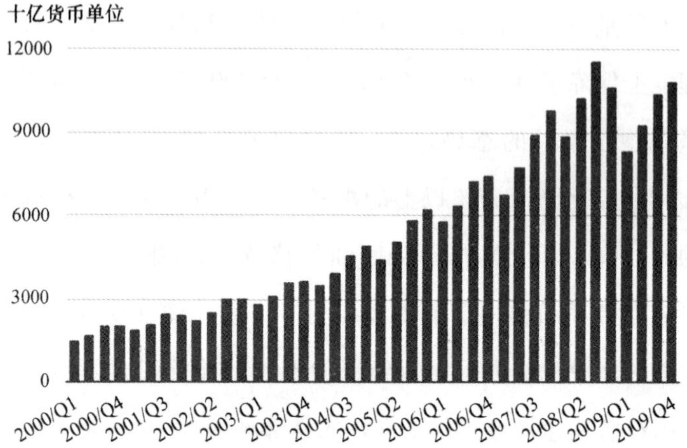

图3—2　俄罗斯国内生产总值（2000—2009年）

资料来源：TheGlobalEconomy. com，Federal State Statistics Service of Russia.

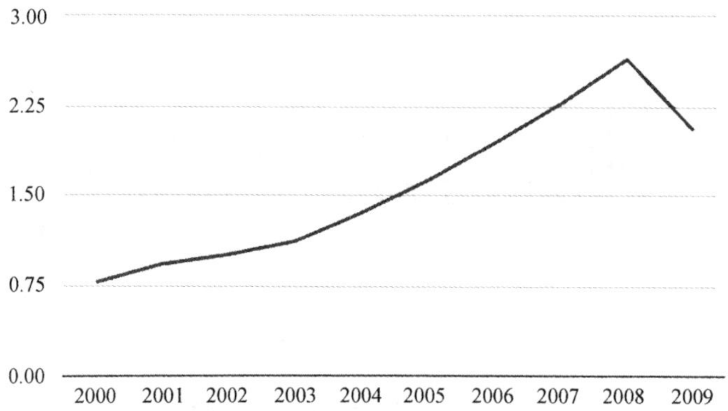

图3—3　俄罗斯占世界GDP总量的比重（2000—2009年）

资料来源：TheGlobalEconomy. com，The World Bank.

第二节　俄罗斯的金砖前景

从2008年底开始，包括俄罗斯在内的世界各国逐步受到美国次贷危机的冲击。2009年，全球经济增长率为-2.2%，而俄罗斯的情况更是下滑到-7.9%，在当年世界排名前十位的国家中属于情况最差的一个。[①] 俄罗斯经济衰退的具体表现包括：在俄外资纷纷撤出，仅2009年的资本净流出额就达1000亿美元以上；石油、天然气等支柱性产品的产量和出口量锐减，导致俄罗斯预算盈余大幅减少，政府预算赤字压力增大；股市遭遇巨额损失，卢布贬值近9%，汇率跌幅创历史新高；外汇储备急剧下降，外债负担不断加重；工业生产降幅明显，农产品出口大幅下跌；建筑业、房地产业不景气，企业亏损现象严重；居民消费成本上涨，收入明显减少，失业人数突破200万。[②]

对此，俄罗斯政府采取了一系列反危机措施，如成立由第一副总理挂帅的金融市场发展委员会，专门研究金融市场问题，并向总统提供政策建议；通过向商业银行注资，将预算盈余存入商业银行，救助小型银行，出台《支持俄罗斯金融体系额外措施》法案，以及提供外债再融资等方式稳定银行体系；借助国家信贷、优惠利率、

① 程伟：《世界金融危机中俄罗斯的经济表现及其反危机政策评析》，《世界经济与政治》2010年第9期，第122—123页。

② 李敏捷：《全球金融危机下的俄罗斯经济及其前景》，《国际问题研究》2009年第3期，第18—20页。

债务重组、海关税费等政策重点扶持对国家经济有重大意义的大型企业；利用各种贷款和财政经费加大对农业的支持；划拨专款落实社会福利房计划等。① 在上述措施的刺激下，俄罗斯经济从 2009 年第三季度开始止跌回升，并在 2010 年第一季度出现了正增长迹象。进入 2012 年第四季度，俄罗斯经济开始呈现低迷态势并一直延续到 2014 年。②

自 2014 年以来，乌克兰危机的持续发酵引发了欧美等西方国家不断加大对俄罗斯的制裁力度，导致俄罗斯经济发展的外部环境日趋恶化，这对原本就已增长乏力的俄罗斯经济来说更是雪上加霜。2014 年，俄罗斯 GDP 增速仅维持在 0.7%，2015 年则直接进入负增长状态。固定资产投资大幅下降，进而导致工业生产全面下滑。与此同时，居民生活水平不断下降，2015 年居民实际可支配收入的降幅是 2014 年的近 6 倍之多。③ 为了应对内忧外患的困局，俄罗斯首先推出相应的反制裁措施，如禁止从实施制裁的国家进口农产品、原料和食品，建立本国独立的支付结算体系，出台进口替代的政策文件，并将对外经济联系的重心向东转移。④

与此同时，俄罗斯政府于 2015 年和 2016 年先后出台了两份保障经济社会稳定发展的计划，通过划拨资金和结构改革等不同方式，

① 高际香：《俄罗斯应对国际金融危机措施述评》，《俄罗斯中亚东欧研究》2009 年第 2 期，第 8—9 页。

② 徐坡岭、肖影、刘来会：《乌克兰危机以来俄罗斯经济危机的性质与展望》，《俄罗斯研究》2015 年第 1 期，第 117 页。

③ 郭晓琼：《危机与应对：普京第三任期俄罗斯经济发展》，《东北亚论坛》2017 年第 6 期，第 112—113 页。

④ 郭晓琼：《危机与应对：普京第三任期俄罗斯经济发展》，《东北亚论坛》2017 年第 6 期，第 120 页。

至2017年基本上遏制住了俄罗斯经济下滑的趋势。另外，为了实现普京总统要求的2019—2020年经济增长速度高于世界平均水平的目标，俄罗斯政府还确定了促进经济发展的五大优先方向，包括重点支持制造业发展，改善营商环境，推动科技进步，扶持中小企业，以及调整现行税收优惠等。[①] 2018年年初，国际货币基金组织对俄罗斯在2018年和2019年的经济增长预期分别是1.7%和1.5%，而俄罗斯自己的预测则达到2%。[②] 尽管这些增速都不及同期世界平均水平，然而对俄罗斯这样一个大体量的经济体而言应该算是一个好的发展迹象。

当然，除了考察其经济前景以外，俄罗斯本身自带的大国影响也是成就其金砖价值的重要考量。基于幅员辽阔的国土和多民族的文化，俄罗斯在历史上就一直致力于追求世界大国地位，这种大国情节甚至成为整个俄罗斯社会的文化基因。冷战结束后，俄罗斯继承了苏联作为超级大国的政治和军事遗产，并从叶利钦政府开始再次明确了其基本的外交思想和政策取向，即俄罗斯作为一个世界大国将继续在国际社会发挥重要作用。[③] 此后，普京的当选及连任更是反映出俄罗斯全国上下希望重振俄罗斯大国雄风的迫切期待。2017年，全俄民意调查研究中心的数据显示，57%的俄罗斯公民认为，俄罗斯已经位于世界领先国家之列；另有86%的公民表示，俄罗斯

---

① 郭晓琼：《危机与应对：普京第三任期俄罗斯经济发展》，《东北亚论坛》2017年第6期，第122—123页。

② “国际货币基金组织提高对俄经济增长预期”，中华人民共和国驻俄罗斯联邦大使馆经济商务参赞处，2018年1月27日，http：//www. ru. mofcom. gov. cn/article/jmxw/201801/20180102704947. shtml。

③ 姜毅：《大国情结与国际格局中的俄罗斯》，《世界知识》2016年第22期，第15页。

在国际事务中具有巨大的影响力。[①] 在经济不再是衡量金砖身份唯一标准的背景下，在政治安全和人文交流同样成为金砖合作重要支柱的新时期，俄罗斯的金砖前景不言而喻。

第三节　俄罗斯的金砖外交

俄罗斯与金砖国家合作机制的成型渊源颇深。2006 年 9 月，在普京总统的倡议下，金砖四国外长在联合国大会期间举行了第一次非正式会议。2008 年 5 月，四国外长在俄罗斯叶卡捷琳堡进行了正式会晤并发表了共同宣言。同年 7 月，在俄罗斯的倡议下，金砖四国领导人又在日本举行的八国集团会议期间进行了非正式会晤，决定于 2009 年在俄罗斯叶卡捷琳堡举行金砖四国领导人首次正式会晤，[②] 从而揭开了金砖国家制度化合作的序幕。2015 年 7 月，俄罗斯在乌法再次轮值主办了金砖国家领导人第七次会晤。普京总统指出，乌法峰会旨在加强金砖国家框架内的多层次协作，从而通过金砖国家的联合进一步为保障国际安全，促进全球经济增长以及解决现代的重大问题做出贡献。[③]

---

① 参见“俄民调：86% 民众认为俄罗斯是世界上有影响力的国家”，人民网—国际频道，2017 年 3 月 15 日，http：//world. people. com. cn/n1/2017/0315/c1002 – 29147964. html。

② 肖辉忠：《试析俄罗斯金砖国家外交中的几个问题》，《俄罗斯研究》2012 年第 4 期，第 36 页。

③ 普京：“金砖国家将进一步为保障国际安全和解决重大现代问题做贡献”，新华网，2015 年 7 月 9 日，http：//www. xinhuanet. com/world/2015 – 07/10/0 – 128006570. htm。

俄罗斯曾在其年度外交政策中强调，金砖国家是21世纪初以来最重要的地缘政治项目之一，并已迅速发展成为左右全球战略领域的一个十分重要的因素。[①] 尽管服务国内现代化战略是俄罗斯对金砖合作的期盼之一，然而俄罗斯积极参与并推动金砖合作更重要的目的则在于获取必要和充分的政治支持。这种支持一方面体现在金砖国家在国际政治领域对俄罗斯地位与立场的认可，另一方面则表现为金砖国家在国内政治问题上对俄罗斯政治体制和国家主权的认同。[②] 这些诉求在国际金融危机的冲击尤其是西方国家的持续制裁和打压下，变得越来越具有现实性和紧迫性。具体而言，俄罗斯的金砖外交主要体现在以下几个方面：[③]

首先，俄罗斯认为，改革国际货币金融体系是金砖国家合作的优先事项。俄罗斯致力于改革现行不公正、不合理的国际体系，使之更具代表性和公平性；降低金砖国家货币和股票市场的不稳定风险；推动金融市场领域合作，维护金砖国家金融稳定，促进可持续及平衡增长。与此同时，俄罗斯积极与其他金砖成员开展多边合作，共同促进国际贸易自由化；加强统计部门相互合作，增加统计数据和经验的交流，出版联合统计手册；鼓励俄罗斯商界参与金砖国家商业论坛；鼓励建立金砖国家独立评级机构，为客观评估国内公司和银行的市场状况做出贡献。

---

① ［俄］乔吉·托洛拉亚：《金砖国家战略对接：俄罗斯立场及建议》，《太平洋学报》2017年第9期，第100页。

② 肖辉忠：《试析俄罗斯金砖国家外交中的几个问题》，《俄罗斯研究》2012年第4期，第33页。

③ Концепция участия Российской Федерации в объединении БРИКС, http://static.kremlin.ru/media/events/files/41d452a8a232b2f6f8a5.pdf.

其次，俄罗斯主张，加强国际政治安全协作是金砖国家合作的重大事项。俄罗斯致力于同其他金砖国家一道，在联合国大会和相关专门机构的会议上就共同利益保持一致立场；加强国际法在国际事务中的作用；全力支持其他金砖成员在某些政治领域的执行计划；鼓励创建相关政治合作机制，就国际热点问题进行讨论并联合决策；推动金砖国家与联合国和其他国际组织展开密切合作，定期就有关国际政治问题交换意见。此外，俄罗斯还主张不扩散大规模杀伤性武器；在解决地区冲突和维护地区稳定等问题上协调金砖五国立场；有效打击国际恐怖主义；确保国际信息安全，合作打击利用信息和通信技术的犯罪；发展金砖国家长期对话机制，从长远角度制定联合提案并协调国际安全领域的实际行动。

第三，俄罗斯强调，扩大和深化人文交流是金砖国家合作的主要事项。俄罗斯提议签订金砖国家关于文化合作的政府间协议，呼吁设立专门的金砖国家协会定期举行多边文化活动，并创立有关机制协调多边文化合作；在互惠基础上促进金砖国家高等教育机构之间扩大科研、教学和学生交流；推动金砖国家相互承认各自的教育文件和学历学位；鼓励民间社会机构合作和金砖国家青年组织多边活动；分阶段建立金砖国家共同信息空间；举办重大国际体育赛事，并就建设和发展现代体育设施开展经验交流；培训高等运动领域和残奥运动领域的运动员；定期开展青少年体育运动和青少年体育交流活动等。

第四，俄罗斯指出，拓展能源合作是金砖国家合作的重要事项。俄罗斯针对其他金砖成员的能源外交主要包括：确保俄罗斯及其他金砖国家合作伙伴的能源安全；基于长期能源供应出口的市场多样化；制定金砖国家能源部门合作的法律框架；在节能和可再生能源领域交流经验技术并开展联合研究；积极参与建立金砖国家在能源领域的多边合作机制。另外，为了进一步推动落实金砖国家能源合作，俄罗斯还曾于2014年倡议成立“金砖国家能源联盟”，并在此框架下设立“金砖能源储备银行”和“金砖能源政策研究院”。此举不仅有助于保障金砖国家的能源安全，而且也可为充分发挥俄罗斯的能源外交优势搭建制度化的平台。

为了使上述举措落到实处并产出实质性的成效，俄罗斯历来重视金砖国家的机制化建设，并将此作为其金砖外交的重点工作方向之一。在俄罗斯看来，金砖国家应当首先从对话论坛变为国际组织，从咨询和协商平台向常设机构发展，而且还要逐步改变常设机构的性质，使其决定具有强制性和约束力。当然，俄罗斯非常清楚金砖国家相互之间形成的互尊互谅的合作精神，所以也十分注意推动机制化建设的适当节奏与温和方式。[①] 2015 年 7 月，金砖国家领导人在俄罗斯发表《乌法宣言》时表示，欢迎金砖国家外交部部长签署设立金砖国家联合网站谅解备忘录，并将探讨使金砖国家联合网站发展成虚拟秘书处的可行性。这是作为峰会主办方的俄罗斯积极推动的结果，也是俄罗斯金砖外交的一大亮点和贡献。

第四节　俄罗斯与全球治理

后冷战时期，俄罗斯参与全球治理的进程大致可以2000年为节

① 杨雷：《俄罗斯与金砖国家：个体诉求与集体合力》，《俄罗斯东欧中亚研究》2017 年第 4 期，第 42—43 页。

点划分为两个阶段。苏联解体以后，俄罗斯政府在外交上总体奉行亲西方政策，积极要求融入西方主导的地区和国际体系，为此，俄罗斯对加入七国集团表现出浓厚的兴趣。1994 年之前，叶利钦总统仅能以观察员身份参加七国集团首脑会议。1994 年 7 月，俄罗斯才被获准参加政治问题的讨论，但仍无权参加关键性的会议。直到 1998 年，俄罗斯才正式成为七国集团的正式成员，并宣告八国集团的诞生。2000 年，普京出任俄罗斯总统后，俄罗斯更倾向于从多极化和多边主义的视角来审视地区和全球问题，从而使得俄罗斯愈发重视与发展中国家尤其是新兴经济体之间的合作，并更加有意识地在全球治理中谋求自身的影响力和主导权。① 俄罗斯全球治理战略的主要内容包括如下几方面：②

第一，在全球经济治理领域，俄罗斯主张建立一套有效应对全球贸易和金融危机的制度体系，以克服国际经济体制的结构性矛盾，预防世界性经济危机的发生和扩散。为此，俄罗斯一方面积极申请加入世界贸易组织，推动全球贸易自由化和世界经济的开放发展；另一方面则支持 G20 成为全球经济治理的主要论坛。在俄罗斯看来，作为一种更加严格的全球经济治理体系，联合国应当在其中扮演最高权威的角色，而 G20 和世贸组织、国际货币基金组织以及世界银行等三大国际经济组织则作为执行机构，共同在有关经济秩序的新宪章规制下协同运作。

---

① 涂志明：《冷战后俄罗斯参与全球治理的战略方式和利益诉求》，《当代世界》2017 年第 12 期，第 72 页。

② 杨雷：《俄罗斯的全球治理战略》，《南开学报（哲学社会科学版）》2012 年第 6 期，第 40—43 页。

对俄罗斯而言，G8曾一度是其参与和影响全球经济治理的主要平台，但鉴于乌克兰危机导致的传统八国集团的不复存在，俄罗斯更加倚重G20在推动构建国际经济新秩序方面的关键角色。2008年，俄罗斯在G20华盛顿峰会上就明确建议，G20应当成为全球金融体系改革的主要协调者。2009年，俄罗斯在G20匹兹堡峰会上敦促国际社会积极落实伦敦峰会各项决议。2010年，俄罗斯在G20多伦多峰会上提议改革国际货币基金组织，并在同年召开的首尔峰会上再次力推国际金融机构改革。2013年，俄罗斯在主办G20圣彼得堡峰会期间，又就多项棘手问题成功协调了各国意见，并发表了G20峰会有史以来最长的首脑宣言。这既是俄罗斯综合实力的体现，也反映了其旨在重塑国际经济格局的强大意愿。①

第二，在全球安全治理领域，俄罗斯坚持尊重联合国的中心作用，强调有关全球性问题的国际规则都应当在联合国框架下加以制定和实施。就此而言，俄罗斯尤为反对北约持续奉行冷战思维，屡次采取单方面行动，认为其不仅威胁到俄罗斯本国的安全，而且也对国际社会的总体稳定产生了不利影响。此外，俄罗斯主张减少在国际关系中使用武力，强调安全平等且不可分割的原则，并无条件履行自身在不扩散大规模杀伤性武器、裁军以及巩固军事领域信任等方面负有的国际义务，同时广泛呼吁通过政治外交手段解决巴以冲突、伊拉克问题、阿富汗问题、伊核问题、朝核问题等国际热点问题。

---

① 徐凡：《俄罗斯与G20：新型大国协调视域下的利益诉求与动力机制评析》，《东北亚论坛》2017年第6期，第97—98页。

在非传统安全议题上，俄罗斯历来重视防范和打击恐怖主义活动。首先，俄罗斯全力支持联合国及其安理会在国际反恐事务中扮演主导角色，并参加了联合国框架下所有的国际反恐公约。[①] 其次，俄罗斯高度重视与周边国家在独联体、集体安全条约组织、上海合作组织等框架内的反恐合作。第三，俄罗斯保持与西方欧美国家的反恐合作，并将八国集团视为战略优先方向，将北约看作是合作的重要支柱之一。第四，俄罗斯还与拉美国家和亚洲国家开展了各种形式的反恐合作。其中，涉及的地区组织或机构包括：美洲反恐怖主义委员会、里约集团、东盟以及亚太经合组织等。[②]

在全球公域安全方面，首先，俄罗斯对网络安全国际规则的制定表现出积极主动的姿态。2011 年 9 月，俄罗斯与中国、乌兹别克斯坦、塔吉克斯坦等国一道向联合国提交了《信息安全国际行为准则》，倡议构建多边、透明、民主的互联网国际管理机制。2012 年 12 月，俄罗斯又在迪拜举行的国际电信世界大会上提交了有关网络安全管理的议案。2014 年 11 月，俄罗斯在中国举办的首届世界互联网大会上再次强调就网络空间安全和国际合作建立公平的国际机制。不仅如此，俄罗斯还与中国、印度等网络大国加强合作，严厉打击各种网络犯罪活动。[③]

其次，作为天然的北极大国，俄罗斯高度关注北极地区的开发与治理问题。从 19 世纪中叶开始，俄罗斯就是北极治理的主要参与

---

① 胡向春：《俄罗斯反恐政策与实践》，《现代军事》2015 年第 10 期，第 52 页。

② 刘勇为、崔启明：《俄罗斯反恐的国际合作》，《俄罗斯研究》2008 年第 6 期，第 46—52 页。

③ 刘勃然：《俄罗斯网络安全治理机制探析》，《西伯利亚研究》2016 年第 6 期，第 31—32 页。

者之一。在20世纪，俄罗斯又陆续与其他国家围绕北极地区的一些具体问题缔结了零星的国际合作条约，并据此修改了本国关于采矿、生物多样性、海洋污染防治等方面的法律，同时还积极支持和参与北极科考等国际合作项目。总的来讲，俄罗斯参与甚至是追求主导北极治理的主要目标就在于保障国家国土安全和维护北极海域主权权利。为此，俄罗斯愿意同所有关心北极发展的国家和国际组织进行对话与合作。①

最后，俄罗斯将维护太空安全与太空力量平衡视为国家重大战略问题。反对外层空间军事化一直以来都是俄罗斯官方的既定政策。2001年9月，俄罗斯外长伊万诺夫在联大演讲时提请国际社会着手制定有关禁止在太空部署武器、不对太空目标使用或威胁使用武器的全面协议。2002年6月，俄罗斯又联合中国等国家向联合国裁军大会提交了《关于未来防止在外空部署武器、对外空物体使用或威胁使用武力国际法律文书要点》。不仅如此，俄罗斯还呼吁各国公布太空发射基地的位置与活动以及航天器的轨道和目的等。尽管俄罗斯的上述主张遭到美国明确而强硬的反对，然而俄罗斯在推动和平利用太空、规范太空治理方面做出的贡献是有目共睹的。②

第三，在全球发展治理领域，一方面，俄罗斯积极参与全球气候变化治理。俄罗斯主张国际社会合作应对全球气候变暖，呼吁所有国家均需采取行动限制温室气体排放，坚持后京都气候制度要在

---

① 钱宗旗：《俄罗斯北极治理的政治经济诉求》，《东北亚学刊》2014年第3期，第16—22页。

② 何奇松、赵雅丹：《俄罗斯的太空安全观》，《军事历史研究》2008年第4期，第123—124页。

联合国框架下保证所有利益攸关方的参与，强调发达国家与发展中国家共同应对气候变化的必要性，提议应当通过严格的碳排放配额和对违法者的制裁机制保障气候变化治理的有效性。而在与气候变化密切相关的能源问题上，俄罗斯从全球能源安全担保人的角色出发，在保证自身经济稳定发展的同时，促进世界能源市场的平衡，并以稳定气候变化的大局为重，提出了摆脱资源导向型经济，创新新型经济发展模式的新战略。另一方面，俄罗斯充分发挥自身在农产品生产方面的自然优势，为克服全球粮食危机做出了重要贡献。但俄罗斯同时指出，现行全球粮食治理体制存在诸多不足，主张发挥联合国粮农组织的主要作用，构建各国就粮食问题进行沟通与协作的平台。

附录

俄罗斯总统普京于 2017 年 9 月 1 日在新华网发表署名文章（摘编）

金砖国家领导人第九次会晤将于 9 月 4—5 日在中国厦门市举行。鉴于此，我认为，向大家介绍一下俄罗斯对在这个具有权威性的大型合作框架下合作的态度，并分享一下我们对未来合作前景的看法是非常重要的。

首先，我要指出，作为今年的金砖国家轮值主席国，中国的高效率工作使我们在政治、经济、人文等所有主要合作领域得以共同取得重要的进展。此外，金砖五国在世界上的地位也得到显著的提升。

重要的是，我们这个合作机制的活动，是建立在平等、尊重和顾及彼此的观点与共识的原则之上的。在金砖国家——没有任何人强加给别人任何事务。当立场不完全一致时，我们会进行耐心、细致的工作，拉近这些立场。这种公开、信任的氛围，有助于我们对既定任务的顺利落实。

俄罗斯高度珍视金砖五国模式下形成的多方面协作。我们五国在国际舞台上的建设性合作，目的是建立公平的多极世界秩序，为所有国家创造平等的发展机会。

俄罗斯主张金砖国家采取更加紧密的外交协调政策，特别是在联合国和二十国集团以及其他国际机构当中。显然，只有联合所有国家的努力，才能确保世界的稳定，寻找到解决包括中东地区在内的激烈冲突的途径。

对于叙利亚以及其他国家和地区的恐怖分子应当继续给予打击。俄罗斯呼吁，不要只停留在口头上，应该在公认的国际法基础上、在联合国的核心作用下，真正着手建立一个广泛的反恐阵线。因此，在这方面，我们当然非常珍视来自金砖国家伙伴的支持和协助。

俄罗斯主张，扩大金砖国家在全球信息安全领域的合作。我们建议，共同制定相应的合作国际法框架，将来制定并采纳各国在该领域有负责任的行为普适原则。我们迈出的重要一步，有可能就是签署金砖国家在国际信息安全领域的政府间协议。

我国对深化金砖五国的经济协作保持关注，最近在这方面也取得了实际的进展。当今的全球金融经济架构并未考虑到发展中国家经济体量，俄罗斯和其他金砖国家一道，对该架构的不公平表示关切。我们愿同伙伴们一起，进一步推进国际金融调控领域的改革，共同克服有限数量的储备货币的过度支配地位，力争在国际货币基金组织和世界银行实现更均衡的配额和票数分配。

我相信，金砖国家将继续一致反对世界贸易中的保护主义和新的贸易壁垒。我们珍视金砖五国就这个问题达成的共识，这使我们能够一贯坚持开放、平等和互利的多边贸易体系原则，加强世贸组织作为国际贸易重要监管者的作用。

俄罗斯关于发展金砖国家反垄断部门合作的倡议，其目的是建立起鼓励良性竞争的有效机制，也就是在打击大型跨国公司的限制性商业行为和跨境违反竞争原则方面，制定一系列合作措施。

我还想请大家关注俄罗斯关于建立“金砖国家能源研究合作平台”的建议。我们认为，这将有助于金砖国家开展信息分析和科研活动，而未来将促进落实合作能源项目。

金砖国家在中小企业领域加强合作是当务之急。我们认为，必须整合中小企业的金砖国家互联网平台，在那里可以放置交互链接和其他商务信息，使可靠的合作伙伴的资料得到交流。

俄罗斯倡导建立“妇女与经济”公私对话。这意味着将由商业和专家圈、妇女协会代表，以及金砖国家各国家机构代表参与的对话，转化为持续的常态化运作。如今正在研究创建金砖国家妇女商业俱乐部的事宜——该俱乐部是让女性企业家通过使用专门的电子信息资源进行职业交流的网络。

我们认为，金砖各国在科学、技术、创新和先进医疗领域的联合工作，是合作的重点方向。在这些领域，我们各国都具有巨大的合作潜力，包括拥有可以互补的发达科研基础、独特的技术研发、熟练专家，以及庞大的科学密集型产品市场。在即将召开的厦门会晤上，我们打算与伙伴们讨论一整套减少传染病威胁、为预防和控制流行病而研制新药物的措施。

我们在人文领域的合作也非常有前景。在《金砖国家政府间文化合作协定》的落实方面，我们期待着伙伴们参与国际青年流行歌手大奖赛“新浪花”和“少儿新浪花”。我们还提出了创建金砖五国联合电视台的倡议。

俄罗斯主张在政治、经济、人文及其他领域深化金砖国家伙伴关系。我们愿与同仁们一道，在坚实的国际法基础上，进一步推动民主化进程，加强国际事务健康发展的原则。我相信，厦门会晤将促进我们各国应对21世纪挑战的积极性，并将五国的协作提升到一个全新的水平。

推荐书目

［1］William A. Dando，Zoran Pavlovic，Charles F. Gritzner，Anna R. Carson，Carol Z. Dando，*Russia：Modern World Nations*，Infobase Publishing，2007.

［2］Rachel S. Salzman，*Russia*，*BRICS*，*and the Disruption of Global Order*，Georgetown University Press，2019.

［3］左凤荣：《重振俄罗斯——普京的对外战略与外交政策》，商务印书馆2008年版。

［4］王文奇：《金砖四国之路：俄罗斯——悄然复苏的北极熊》，长春出版社2010年版。

[5] [美] 杰弗里·曼科夫著，黎晓蕾、李慧容等译：《大国政治的回归：俄罗斯的外交政策》，新华出版社 2011 年版。

[6] 李放、卜凡鹏主编：《金砖国家崛起系列之二俄罗斯——飞速崛起中的巨人》，民主与建设出版社 2013 年版。

[7] [美] 希尔、加迪著，余莉译：《普京传：不可替代的俄罗斯硬汉》，红旗出版社 2015 年版。

[8] 程亦军主编：《俄罗斯经济现代化进程与前景》，中国社会科学出版社 2017 年版。

[9] 庞大鹏主编：《普京新时期的俄罗斯（2011—2015）：政治稳定与国家治理》，社会科学文献出版社 2017 年版。

[10] 吴恩远主编：《俄罗斯最新历史著述暨评析：2007—2017 年》，中国社会科学出版社 2018 年版。

第四章　金砖国家之印度

导言：经济全球化与生产国际化

20世纪80年代中期，经济全球化作为一个概念被正式提出。20世纪90年代以来，随着高新技术的迅猛发展，市场经济体系的不断扩展，以及国际贸易与投资自由化和企业经营国际化现象的日趋明显，经济全球化不再仅仅是一种发展趋势，而已然成为21世纪全球经济发展最显著的特征。在此背景下，生产开始超越国界，国际分工日渐深化。世界各国利用各自具有比较优势的生产要素，有针对性地开展生产，促进贸易，参与竞争，从而形成一个全球化的经济协作体系。但需要注意的是，发达国家凭借其资本、技术和管理等方面的传统优势，在整个国际分工体系中处于上游地位。发展中国家则因缺乏相应的支撑资源而长期游走在国际产业链的低端领域。当然，部分新兴经济体曾借助发达国家产业转移的机遇实现了产业结构转型和经济结构优化，但仍然面临着进一步升级的挑战和考验。至于其他发展中国家，如何在经济全球化浪潮中防止被边缘化，进而利用全球化实现自身可持续发展，仍是一项相当艰巨的任务。

第一节 印度的金砖身份

印度全称是印度共和国，首都位于新德里。它是南亚次大陆最大的国家。东北部同中国、尼泊尔、不丹接壤，孟加拉国夹在其东北国土之间，东部与缅甸为邻，东南部与斯里兰卡隔海相望，西北部与巴基斯坦交界。东临孟加拉湾，西濒阿拉伯海，海岸线长5560公里。印度国土约298万平方公里（不包括中印边境印占区和克什米尔印度实际控制区等），面积居世界第七位。截至2018年6月，印度人口13.24亿，居世界第二位。印度拥有100多个民族，其中印度斯坦族约占总人口的46.3%。在印度各大宗教中，印度教教徒和穆斯林分别占到总人口的80.5%和13.4%。印度的官方语言为印地语和英语。共和国日是1月26日，独立日是8月15日。

印度自然资源丰富，矿藏近100种。其中，云母产量世界第一，煤和重晶石产量居世界第三。印度的主要资源可采储量估计为：煤2533.01亿吨、铁矿石134.6亿吨、铝土24.62亿吨、铬铁矿9700万吨、锰矿石1.67亿吨、锌970万吨、铜529.7万吨、铅238.1万吨、石灰石756.79亿吨、磷酸盐1.42亿吨、黄金68吨、石油7.56亿吨、天然气10750亿立方米。此外，还有石膏、钻石及钛、钍、铀等。森林67.83万平方公里，覆盖率为20.64%。

印度拥有世界1/10的可耕地，是世界上最大的粮食生产国之一。印度的主要工业包括：纺织、食品加工、化工、制 药、钢铁、水泥、采矿、石油和机械等。除此之外，近年来，汽车、电子产品制造、航空和空间等新兴工业也得到迅速发展。印度拥有世界第四大铁路网和世界第二大公路网，其海运能力居世界第18位。2016/2017财年，服务业对印度国民总增加值的贡献率为62%，成为印度创造就业、创汇和吸引外资的主要部门。①

自1947年独立以来的很长一段时期，印度经济发展遵循的都是所谓的“尼赫鲁模式”，即通过公私混合的经济体制来实现现代化和工业化。尽管从20世纪60年代开始，先后有两届政府对该模式进行了调整和修补，但是尼赫鲁经济思想和战略的精髓仍旧保留了下来。从1951年执行的第一个五年计划到1990年截止的第七个五年计划，印度国民生产总值的年均增长率最高达到5.5%，最低则维持在2.8%的水平。② 但进入80年代后，印度政府逐渐面临严重的财政危机和外汇危机，国营企业也因体制僵化、管理不善而长期亏损。与此同时，鉴于苏联指令性经济的崩溃和周边国家改革开放的成就，印度政府决心迎头赶上，彻底抛弃尼赫鲁经济发展战略。③

1991年，印度拉奥政府掀起了一场重大的经济改革运动，使印度经济从半封闭状态逐步走向全方位开放，经济发展也不断呈现出

---

① “印度国家概况”，中华人民共和国外交部网站，https：//www.fmprc.gov.cn/web/gjhdq_676201/gj_676203/yz_676205/1206_677220/1206x0_677222/。

② 殷永林：《改革以来印度经济增长的新特点及其影响》，《东南亚南亚研究》2011年第1期，第38页。

③ 华碧云：《印度拉奥政府的经济改革》，《现代国际关系》1992年第4期，第41—42页。

持续高增长的良好态势。在1992—1997年的第八个五年计划期间，印度国民生产总值年均增长6.6%。在1997—2002年的第九个五年计划期间，增长稍有下滑，保持在5.5%的水平。但在2002—2007年的第十个五年计划期间，印度经济增长又冲上了7.9%的高位。根据印度政府的统计，1990—1991年度至2008—2009年度，印度国内生产总值从108357.2亿卢布增加到415497.3亿卢布，在不到20年的时间里增长了近3倍之多。也正是基于印度经济发展的大好前景，对印度的外国直接投资数额逐年加大，并于2008年达到465亿美元，竟比2007年增长了85.1%。印度也因此成为全球获得外国直接投资最多的前十个国家之一。[①]

在印度的产业结构中，第三产业对经济增长的贡献尤为值得一提。虽然第一产业在印度独立之初占其国内生产总值的一半以上，但从20世纪80年代开始就逐渐呈下降趋势。相比之下，第二产业的比重有所提升，但多年来均没有超过30%，而第三产业则从1950年的28%增长到2009—2010年度的57.2%。[②] 其中，软件产业又发挥了重要的支撑和引领作用。2009年，印度在全球软件外包市场中占据51%的份额。2013年，在前十大离岸外包目的地排名中，印度就有班加罗尔、孟买、新德里、钦奈、海德拉巴、普那等六座城市入围。[③] 与此同时，全球185家500强企业与印度的IT公司建立了

---

① 殷永林：《改革以来印度经济增长的新特点及其影响》，《东南亚南亚研究》2011年第1期，第37—38页。

② 殷永林：《改革以来印度经济增长的新特点及其影响》，《东南亚南亚研究》2011年第1期，第38页。

③ 参见王健：《印度软件产业发展现状分析》，中国经济网，2014年4月1日，http://intl.ce.cn/specials/zxgjzh/201404/01/t20140401_2582232.shtml。

业务外包关系，还有135家企业使用了印度开发的软件，[①]“世界办公室”逐步成为印度国际形象新的代名词。

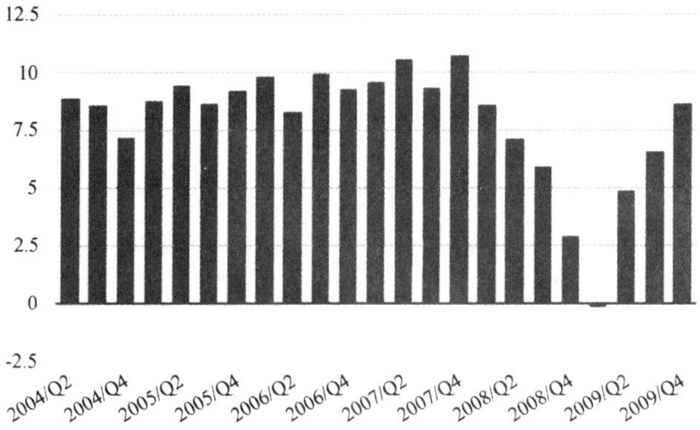

图4—1　印度经济增长率（2004—2009年）

资料来源：TheGlobalEconomy. com，Ministry of Statisties and Program Implementation of India.

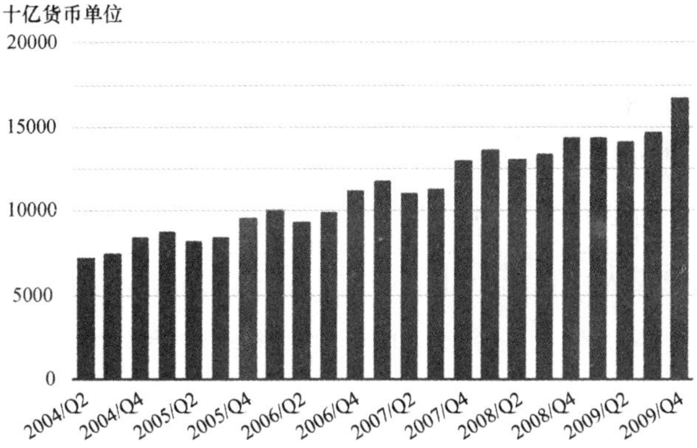

图4—2　印度国内生产总值（2004—2009年）

资料来源：TheGlobalEconomy. com，Ministry of Statisties and Program Implementation of India.

① 黄正多、李燕：《印度软件信息产业对经济发展的作用分析》，《南亚研究季刊》2011年第4期，第40页。

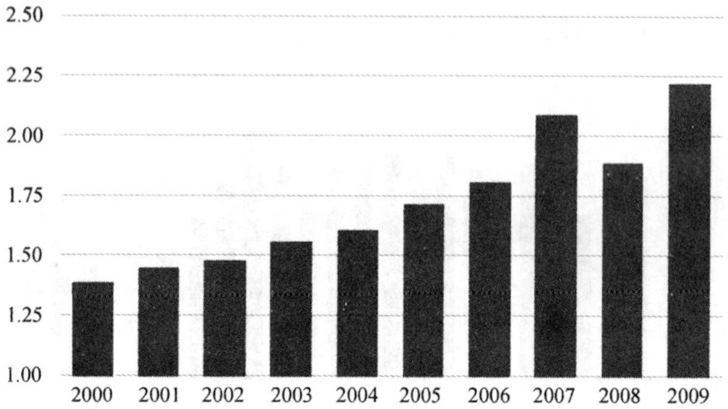

图 4—3 印度占世界 GDP 总量的比重（2000—2009 年）

资料来源：TheGlobalEconomy. com，The World Bank。

第二节 印度的金砖前景

2008 年，美国次贷危机引发的金融风暴和经济危机席卷全球，印度自然不可避免地受到一些冲击。总的来讲，危机对印度经济的负面影响主要表现在以下几个方面：第一，金融资本市场动荡，如国家和私人资产缩水，股票市场大跌，资金流动困难，卢比加剧贬值；第二，出口和投资面临挑战，如软件出口和服务外包受挫，旅游运输业效益锐减，商业零售业大幅萎缩，商品出口额明显下降，外资纷纷撤出；第三，实体经济出现困难，如出口加工业受阻，房地产和建筑业陷入低迷，冶金钢铁业延迟扩建，基础设施建设搁浅。但相对而言，此次金融危机对印度经济的影响并不十分凸显，这主要是因为印度经济对外依存度比较低，其经济增长还重在通过内需进行拉动。因此，危机虽然导致印度经济增长从2007—2008年度的8.7%下降到2008—2009年度的6.7%，但是这比起其他发展中国家经济增长率大幅下降以及发达国家出现负增长的情况已经算是微不足道了。[①]

为了进一步减轻金融危机对印度经济的冲击，印度政府采取了一系列有针对性的经济刺激政策。一方面，印度央行连续多次下调银行贷款利率和现金储备率，并先后向非银行金融机构、住房信贷公司、出口部门等加大金融支持力度，有效地解决了国民经济各行各业对流动性的需求；另一方面，印度政府先后出台了三套财政刺激政策，全面下调中央消费税和增值税，对部分劳动密集型产业出口进行小额补贴、退税和出口担保，同时授权印度基础设施融资有限公司发行免税债券支持基础设施建设，并适度延长了部分减税和免税政策。在上述政策作用下，印度经济从2008年第四季度开始就实现了遏制经济增长下滑的目标。此外，印度企业净利润率在2009—2010年度也止跌回升，仅第一季度的增长就超过了危机前的水平。不仅如此，印度的国际收支也在政策刺激下出现了2006年以来的首轮顺差。[②]

虽然印度经济在2011年出现了较为明显的回升，但在接下来的两年却又陷入持续放缓的境地，这也成为莫迪领导的人民党赢得2014年印度大选的重要原因之一。在莫迪经济学的指引下，印度开

---

① 文富德：《金融危机后的印度经济发展前景》，《南亚研究季刊》2010年第1期，第39—42页。

② 付宗平：《金融危机下印度经济刺激政策效应评价》，《南亚研究季刊》2010年第2期，第56—59页。

始了大刀阔斧的政治、经济和社会改革，比如撤销计划委员会，通过非货币化开展反腐败斗争，简化各种许可证制度，放松油气价格管制，开放外国直接投资，增强劳动力市场灵活性，推行直接福利转移系统，实施商品和服务税，制定和颁布破产清算法等。可以说，上述改革在四年时间里取得了显著的成效，印度的通胀率由莫迪就任总理时的9.7%下降到4.3%，经济增长率也从此前的5.9%上升至7.3%。[①] 2018年10月，国际货币基金组织曾预测，印度经济增长率在2019年还将有所提升，估计达到7.4%的高水平。而2018和2019年世界经济增速的预期也只有3.7%左右。[②] 由此看来，印度经济的持续增长前景可期，印度的金砖成色也会得到进一步增强和巩固。

此外，印度还是一个具有悠久历史和灿烂文化的文明古国，而这也在很大程度上成为印度心怀大国抱负，追求大国地位的重要源泉。一方面，自尼赫鲁提出印度要做一个有声有色的大国以来，印度历届政府都在不断地强调印度致力于成为世界一极的战略目标；另一方面，印度的战略潜力也逐渐得到外界的认可和重视。例如，基辛格将印度视为21世纪国际体系的六大主要力量之一；布热津斯基将印度看作世界上主要的和活跃的地缘战略旗手之一；亨廷顿也将印度列为冷战后世界主要文明的核心国家之一。尽管印度的崛起受到各种因素的牵制，但印度开始崛起已经成为一个不争的事实，

① 参见阿尔文德·帕纳加里亚著，刘丽坤编译：《莫迪经济学：为何印度将走向长期繁荣》，《社会科学报》第1619期，第7版。

② 参见《今年印度经济增速预计达7.3%》，《经济参考报》2018年10月10日，http：//dz.jjckb.cn/www/pages/webpage2009/html/2018－10/10/content_47525.htm。

至少也是一个不可避免的趋势。这将使印度在国际舞台上发挥令人瞩目的作用，也将为金砖合作注入更加强劲的动力。①

第三节　印度的金砖外交

印度的金砖战略经历了一个从无到有、从小到大的过程。总体而言，该战略包括经贸投资和政治安全两大维度。

一方面，印度重视并参与金砖国家合作的初衷在于，通过机制化平台吸引来自其他金砖成员的资金，并解决相互之间的贸易逆差问题，同时学习其他金砖国家的发展经验。事实上，在印度出席金砖国家领导人前两次会晤时，总理辛格提到最多的即是投资问题，以至于他在2013年高调建议应加强金砖国家之间的贸易和投资关系，而这与当时印度经济增长放缓而急需外资拉动的背景密切相关。但在进一步扩大和深化经贸关系的同时，印度又特别关注与其他金砖成员尤其是与中国之间的贸易逆差问题。在金砖国家领导人会晤过程中，印度提出的贸易平衡建议得到包括中国在内的金砖国家的广泛认可，进而为减少印度对外贸易的不平衡问题提供了有效的渠道。另外，从发展的角度看，鉴于印度与其他金砖国家都是新兴经济体，印度还可以从金砖合作中分享到其他成员的发展理念、发展经验、发展模式。不仅如此，考虑到印度资源相对缺乏的严峻现实

① 马加力：《重视印度战略地位的凸显——我写〈关注印度——崛起中的大国〉》，《世界经济与政治》2003年第7期，第75—76页。

以及金砖国家丰富的资源供给，积极推动金砖合作也是确保印度经济持续健康发展的重要基础。①

尽管印度政府一直都将其金砖外交与国内经济发展紧密挂钩，然而这并不意味着印度参与金砖合作没有国际经济方面的战略考虑。实际上，金砖国家合作有助于印度实质性地参与全球经济治理。虽然印度过去通过不结盟运动和七十七国集团有意识地介入全球治理，但是此类实践要么局限于政治安全领域，要么受制于平台本身的影响力，而未能发挥应有或更大的作用。相对而言，作为新兴经济体的领头羊，金砖国家在全球经济治理中的地位更突出，诉求也更加符合印度的身份和利益。因此，金砖国家合作可以看成是印度参与全球经济治理的新机制，它能够在国际货币基金组织份额与决策，国际经济组织领导职位任选，以及国际能源和气候谈判等诸多方面为印度提供更多的代表性和发言权。更为重要的是，对于印度而言，这种基于金砖机制的合作更为务实且影响更大，同时也有助于印度成长为一个利益攸关的规则制定者。②

另一方面，印度对政治大国地位的追求也是其看重金砖合作的重要原因。首先，印度希望借助金砖平台巩固其在南亚次大陆的主导地位。而金砖国家与新兴市场国家和发展中国家的外围对话恰恰能够为印度延伸地区战略，扩大地区影响提供便利条件；其次，印度有意通过金砖机制搭建南南合作和南北对话的新渠道，从而依靠金砖合力切实提升新兴经济体和发展中国家在当下国际

---

① 李冠杰：《试析印度的金砖国家战略》，《南亚研究》2014 年第 1 期，第 123—129 页。

② 张贵洪、王磊：《印度政治大国梦与金砖国家合作》，《复旦学报（社会科学版）》2013 年 6 月，第 173 页。

体系中的话语权和代表性，进而重拾在发展中世界的大国地位和重要影响；最后，印度试图抓住金砖合作提供的战略机遇，利用其政治协调和国际协作的相关功能，弥补其在多边外交领域的传统短板，进而增强其在全球治理中的影响力，并巧妙运用其作为东方和西方、南方和北方、发展中世界与发达世界、强国与弱国"黏合剂"的特殊角色，推动实现其成为全球大国和世界强国的战略目标。①

与此同时，防范和应对安全威胁也是印度在金砖合作过程中非常关注的问题，尤其是在反恐议题上，印度表现出极大的兴趣且投入了巨大的精力。2016 年，印度主办的金砖国家领导人第八次会晤就将打击恐怖主义和极端主义置于突出位置，并决定共同对全球性的恐怖威胁做出有效回应。会后发布的《果阿宣言》更是前所未有地频繁提及反恐事宜，强烈呼吁所有国家综合施策，强化同恐怖主义的斗争，并就切断恐怖主义融资渠道等问题展开合作。2017 年，在中国主办的金砖国家厦门峰会上，印度同样力推反恐议程，并把金砖国家将虔诚军（Lashkar-e-Taiba）和穆罕默德军（Jaish-e-Mohammed）与全球恐怖主义组织"伊斯兰国"和"基地"组织并列，看作印度对抗跨境恐怖主义的一次重大外交胜利。② 然而，印度高调宣称金砖国家在反恐共识上的"进展"，除了震慑作为人类公敌的恐怖主义组织外，借此孤立和打压传统对手巴基斯坦也是一个不言而喻的重要目的。

---

① 张贵洪、王磊：《印度政治大国梦与金砖国家合作》，《复旦学报（社会学版）》2013 年 6 月，第 172—173 页。

② 参见 http：//news. ifeng. com/a/20170905/51879495_ 0. shtml。

除此之外，人文交流也是印度金砖外交的重要组成部分。印度独立以后，政府将对外文化交流上升为国家意志，并通过政府力量积极推动对外人文交流。为此，印度还专门设立了“印度文化关系委员会”，用以统筹协调对外人文交流事宜。莫迪上台以后，印度又相继推出以“季风计划”为代表的系列人文交流计划，从而将印度的对外人文交流推向一个新的阶段。① 虽然印度在2012年主办金砖国家德里峰会时，仅仅在宣言中提到“鼓励金砖国家青年、教育、文化、旅游和体育领域拓宽沟通渠道和人员交流”，但在2016年果阿峰会时，印度所举办的“金砖国家旅游大会”“首届金砖国家十七岁以下少年足球赛”“首届金砖国家电影节”等活动就已纳入到峰会宣言之中并得到金砖国家领导人的一致赞赏。事实上，旅游、传媒、体育恰恰是印度开展人文交流的核心领域，也成为印度推动金砖国家人文交流的重要渠道和载体。

第四节　印度与全球治理

受不结盟思维的影响，印度曾一度对全球治理及其制度抱有质疑心态。但随着全球化的不断深入推进并考虑到印度自身的国家利益需求，印度逐步调整其全球治理理念和战略，并日益成长为一个成熟的全球治理行为体。总体而言，印度明确支持全球治理的多边

---

① 王润珏、李荃：《印度对外人文交流战略研究：路径、策略与特征》，《国际传播》2018年第5期，第41页。

主义色彩，强调联合国应当发挥中心作用，反对个别国家凌驾于公认的全球治理机构之上，积极推动国际关系民主化。在此过程中，印度清晰界定了自身作为发展中国家的定位，主张全球治理应有助于推动国际秩序朝着更加公正合理的方向演变，从而切实维护发展中国家在全球化进程中应有的利益。就此而言，印度更倾向于倡导对国际体系的温和改革，而不是对现有秩序的彻底颠覆。印度的全球治理方略主要是通过主动融入国际体系，在学习和遵守规则的前提下，创造性地提出自己的治理要求。这是印度参与全球治理的主流表现，但它在核不扩散问题上却充当了一个反体系的角色。而它所遭遇的体系反弹和外部压力也使得印度意识到自身力量的局限性并促使印度做出适度调整。①

在全球经济治理领域，印度尤为关注国际货币金融体系改革问题。印度强调，诸如国际货币基金组织、世界银行等多边治理机构的投票权除了按照经济总量和贸易额占比进行分配外，还应当考虑特定国家的人口规模和经济增速，才能有效弥补上述机构的合法性赤字。印度主张，新兴经济体和发展中国家应该获得与其经济体量相符的表决权，发达经济体则应尽快履行让出特定席位的郑重承诺。而在部分发达国家阻挠国际货币基金组织份额与投票权改革进程的情况下，印度又积极倡议并与其他金砖国家一道成立了新开发银行和应急储备基金。② 此外，印度还深度参与世界贸易自由化进程，非

① 刘兴华：《印度的全球治理理念》，《南开学报（哲学社会科学版）》2012 年第 6 期，第 51—52 页。

② 时宏远：《印度参与全球治理的理念与实践》，《国际问题研究》2016 年第 6 期，第 49—50 页。

常善于利用 WTO 争端解决机制最大限度地维护印度的贸易权益。以多哈回合谈判为例，印度代表发展中国家与发达国家在农业补贴问题上进行了针锋相对的斗争，并促成了与贸易有关的知识产权规则的重大修改，同时还在医药生产等领域争得了诸多强制许可的权利。①

在全球安全治理领域，印度积极支持并踊跃参与联合国维和行动，为提供国际安全公共产品做出显著贡献，得到国际社会的广泛认可。截至 2015 年 10 月，印度总共参加了 48 次联合国维和行动，派遣维和人员共计 18 万之多。② 而据联合国官网的数据显示，仅 2018 年 10 月，印度派出的维和人员就达到 6608 名，包括 579 名警察、49 名联合国中东特派团人员、5872 名军人以及 108 名参谋人员，在 124 个派员国中位列第四大贡献国。③ 另外，由于受到恐怖主义的严重危害，印度向来重视推动国际合作，打击恐怖主义。印度反恐国际合作的主要内容包括联合军事行动、联合训练与演习、武器装备合作、情报合作和司法合作等。在合作对象上，印度既看重与巴基斯坦、缅甸等周边邻国之间的地区反恐合作，也倚重美国、中国、俄罗斯等全球性大国，同时还跟联合国、欧盟、东盟等国际组织保持着密切的关系。但相对而言，印度与其他国家的双边反恐

---

① 刘兴华：《印度的全球治理理念》，《南开学报（哲学社会科学版）》2012 年第 6 期，第 50 页。

② 刘兴华：《印度的全球治理理念》，《南开学报（哲学社会科学版）》2012 年第 6 期，第 47 页。

③ 参见 Contributors to UN Peacekeeping Operations by Country and Post，https：//peacekeeping. un. org/sites/default/files/1_ summary_ of_ contributions_ 9. pdf，Summary of Troop Contributing Countries by Ranking，https：//peacekeeping. un. org/sites/default/files/2_ country_ ranking_ 6. pdf。

合作要比印度与国际组织开展的多边反恐合作更有实效。[①]

在全球公域问题上，一方面，印度支持“多利益攸关方模式”作为网络空间治理的基本原则，希望为其国内网民和网络应用提供安全保障，但同时又对网络开放可能带来的国家安全威胁始终保持着高度的警惕。为此，印度不仅成立了国家计算机应急响应小组，发布了国家互联网安全政策，而且与多个国家签署了打击网络犯罪和攻击的谅解备忘录。另一方面，在南极和北极均为全球公地的理念下，印度对极地治理也表现出浓厚的兴趣。在对南极地区进行科考30年后，印度又于2007年开始对北极展开科考行动，并已正式成为北极理事会的观察员国。[②] 可以预见，随着印度经济的快速增长以及综合实力的不断增强，印度对参与全球治理各领域和各议题的意愿和能力都会稳步提升，这不仅是印度的需求，也是国际社会对印度的期待。

在全球发展治理领域，印度一方面大力推动国内减贫、教育、医疗、性别平等、城市化等社会事业发展，另一方面也积极支持和参与联合国在全球发展问题上的各种国际行动。自联合国发展活动认捐会议成立以来，印度就一直是较为活跃的捐助国。2018年，印度承诺向联合国开发计划署捐款450万美元，向联合国近东救济和工程处捐款500万美元，向世界粮食计划署捐款192万美元。不仅如此，印度还在2017年与联合国南南合作办公室共同建立了印度—

① 庞敬然：《印度反恐国际合作探析》，《南亚研究季刊》2017年第1期，第17—20页。

② 时宏远：《印度参与全球治理的理念与实践》，《国际问题研究》2016年第6期，第51—52页。

联合国发展伙伴基金，专门用于同发展中国家尤其是其中的英联邦成员建立发展伙伴关系。另外，印度还通过与巴西和南非共同设立的IBSA信托基金对发展中国家特别是最不发达国家进行援助。印度表示愿意与其他成员国根据联合国发展系统改革提出的资金契约进行对话，从而使自愿捐助的资金更具可预测性、灵活性、有效性和高效性，进而更好地促进全球发展合作。①

在全球气候治理问题上，作为全球第三大碳排放国和第八大经济体，印度的重要性不言而喻。2008年，印度政府发布了“气候变化国家行动计划”，具体包括太阳能计划、提高能源效率计划、可持续人居计划、水资源计划、喜马拉雅生态保护计划、绿色印度计划、可持续农业计划、气候变化战略研究计划等8个项目。在实施该计划的过程中，印度结合国内发展需求和全球气候谈判的进展，逐步形成了应对气候变化的政策体系。其中，坚持共同但有区别的责任原则，坚持以人均排放和历史排放作为衡量国际减排责任的标准，不接受约束性减排指标等都是印度在全球气候治理议程上主张的一贯立场。作为发展中国家，印度在支持应对气候变化国际合作的同时，一直特别强调减排不应该影响其自身的发展，但近年来国内外气候变化形势的恶化也促使印度在气候政策问题上表现出一定的灵活性。②

---

① See India pledges contributions of USD 13.36 mn for UN agencies, development activities, The Economic Times, 2018-11-06, https://economictimes.indiatimes.com/news/politics-and-nation/india-pledges-contributions-of-usd-13-36-mn-for-un-agencies-development-activities/articleshow/66521607.cms.

② 高翔、朱秦汉：《印度应对气候变化政策特征及中印合作》，《南亚研究季刊》2016年第1期，第32—35页。

附录

龙兴春：观察印度切忌盲人摸象（摘编）

近些年，由于印度魅力型领导人莫迪上台，以《摔跤吧！爸爸》为代表的多部印度电影在中国火爆，加之中印军事对峙、中印领导人频繁会晤等极具新闻价值的因素的影响，中国社会对印度的关注空前增强，每天都可以看到传统媒体与自媒体关于印度的大量报道和评论。相较过去中国社会注意力更多地聚焦于发达国家，增加对印度这个有 13 亿人口的邻国的关注，应该说是一件好事。然而，无论是传统媒体还是自媒体，都存在对印度的误解和曲解，并由此误导了中国社会对印度的认识。

误把个别当整体。以莫迪 2016 年 11 月的“废钞令”为例，中国媒体跟印度媒体一样，较多地报道了反对该政策的意见，特别是很多负面但吸引眼球的新闻，如银行门口排队换新钞的长龙、病人因医院不接受旧钞错过救治而死亡，以及反对派对“废钞令”的严厉批判。给人的感觉就是民怨沸腾，莫迪即将为其匪夷所思的决策付出政治代价，甚至可能在随后几个邦举行的选举中失利。那段时间，本人跟印度学者、青年学生和媒体人士保持着密切交流，他们多数认为，“废钞令”有缺陷，也有不得已之处，出现一些暂时混乱是可以理解的。

现在看来，“废钞令”在政治上肯定是成功的。相比很多光说不练的政客，“废钞令”显示了莫迪政府改革和反腐的决心，塑造了其敢想敢干的形象，并且在打击腐败方面取得了一定成果，得到了多数民众的肯定。2017 年莫迪领导的印度人民党在多数邦的选举中都获得了胜利，特别是在人口达 2 亿的北方邦赢得了 403 席中的 325 席，为赢得 2019 年的全国大选奠定了坚实基础。

不能把反对派的观点看成印度的民意。印度号称“世界上最大的民主国家”，政党多如牛毛，加上印度人爱辩论、爱发表不同意见，印度政府的任何内外政策都会听到反对声音，甚至为反对而反对，以至于经常出现某执政党下台后反对自己原先大力推行的政策的情况。如在对华政策上，无论是印人党还是国大党，在野的时候都会指责政府对中国太软弱。反对意见通过媒体放得很大，如果不加以全面观察，很容易误认为是印度的民意。

纸上规定不等于现实。国内有些自媒体在抱怨中国看病难、看病贵和上学难时，有时喜欢拿印度来做比较，指出印度法律规定了免费义务教育和免费医疗的制度，而且印度医疗水平很高，吸引了很多外国人到印度治病。中国教育和医疗的确存在问题，但拿印度作为楷模肯定是选错了对象。常识告诉我们，好的义务教育和免费医疗的实现都需要物质基础做支撑，而不能只看纸面的规定。在人均收入水平只有中国 1/5 的印度，免费就意味着低质量，少数富人和外国人享有的医疗水准不代表印度整体水平。比对中印义务教育最恰当的指标是文盲率，中国几乎扫除了青壮年文盲，印度的文盲率约 30%。比对医疗最恰当的指标是人均寿命，印度的人均寿命是 64 岁，而中国是 76 岁。

印度学者和媒体不等于印度政府。印度的媒体高度发达，英文报纸的发行量比美国还高，媒体和学者对任何议题都会发表不同观点，常常有突发奇想。国内有些媒体，特别是自媒体常把印度学者或印度媒体的观点转述为“印度”的观点，让人误以为是印度政府的立场。

印裔美国人不能代表印度人。近年来，印度裔美国人出任著名大公司 CEO 的现象较为常见，但几乎没有华人担任同等职位。因此，有些专家学者和媒体据此认为印度人的管理水平高于中国人，并进一步推论印度经济的发展前景好于中国。但对比中国和印度的现实后不难发现，中国的政府管理、企业管理、社会管理水平都高于印度，最明显的是印度发生的重大火车事故远远多于中国。实际上，印裔美国人 CEO 多数在美国出生、长大或接受教育，代表的是美国的管理水平，而非印度的管理水平。否则，只能说明印度管理水平最高的人都去了美国，中国管理水平最高的人都留在了国内。

印度是一个多民族、多语言、多宗教的国家，多样性是这个国家的最大特点。有印度研究的前辈曾说，“你在印度看到的任何现象可能都是真的，相反的情况可能也是真的，但都是个别或部分的，不是整体或全部”。印度的复杂性不输中国，我们在抱怨外国误解中国的时候，也要切忌片面、简单地理解和判断产生“盲人摸象”寓言故事的印度。

◆ 推荐书目 ◆

［1］Cohen，Stephen Philip，*India*：*Emerging Power*，Washington D. C.：Brookings Institution Press，2002.

[2] Nayar, Baldev Raj, T. V. Paul, *India in the World Order*, New York: Cambridge University Press, 2003.

[3] 孙文杰、王文奇:《金砖四国之路:印度——阔步向前的巨象》,长春出版社,2010年版。

[4] 李放、卜凡鹏主编:《金砖国家崛起系列之三印度——飞舞的“大象之国”》,民主与建设出版社2013年版。

[5] 杨文武主编:《印度经济发展模式研究》,时事出版社2013年版。

[6] 文富德:《印度经济发展前景研究》,时事出版社2014年版。

[7] [印] 苏库马尔·莫拉里塔兰著,刘小雪译:《印度与世界:对融入世界新模式的认识》,社会科学文献出版社2014年版。

[8] [美] 苏米特·甘古利主编,高尚涛等译:《印度外交政策分析:回顾与展望》,世界知识出版社2015年版。

[9] 龙兴春:《印度大国外交》,中国社会科学出版社2016年版。

第五章　金砖国家之中国

导言：双边外交与多边外交

一般而言，外交是指一个国家尤其是中央或联邦政府实施对外政策，开展对外交往，处理对外关系的各种活动的总称。虽然在不同的时代和时期，外交活动的广度、深度、内容和形式有所差异，但是外交自始至终都是一个国家职能与行为的重要体现。简而言之，双边外交是两个国家或国际关系行为体之间一对一的互动，而多边外交则是三个或三个以上国家或国际关系行为体共同在特定制度框架下或组织体系内开展的对话与合作。相对来讲，双边外交的交易成本更低，实效性也更强，而多边外交的协调难度较大，达成共识并采取行动的可能性也更低。但与此同时，多边外交更适合应对和解决全球化背景下的各种全球性问题。事实上，国家几乎都是在同时开展和参与双边和多边外交。这两者之间的关系不应是相互替代、相互牵制，而应当是相互支撑、相互协同。当然，这并不意味着双边外交与多边外交之间一定会呈现出良性的互动态势，它们也可能陷入一种恶性循环的境地。因此，任何一个国家都有必要学会巧妙处理双边和多边之间的关系，从而充分发挥各自的比较优势和附加价值，共同服务于国家利益。

第一节　中国的金砖身份

中国位于亚洲东部，太平洋西岸。北起漠河附近的黑龙江江心，南到南沙群岛的曾母暗沙，西起帕米尔高原，东至黑龙江、乌苏里江汇合处。陆地面积 960 万平方千米，陆上边界 2 万多千米。领海由渤海（内海）和黄海、东海、南海三大边海组成，东部和南部大陆海岸线 1.8 万千米。内海和边海的水域面积约 470 万平方千米。海域分布有大小岛屿 7600 个，其中台湾岛最大，面积 35798 平方千米。中国陆地边界长达 2.28 万公里，东邻朝鲜，北邻蒙古，东北邻俄罗斯，西北邻哈萨克斯坦、吉尔吉斯斯坦、塔吉克斯坦，西和西南与阿富汗、巴基斯坦、印度、尼泊尔、不丹等国家接壤，南与缅甸、老挝、越南相连。东部和东南部同韩国、日本、菲律宾、文莱、马来西亚、印度尼西亚隔海相望。

中国人口总数为 1370536875 人。大陆 31 个省、自治区、直辖市和现役军人的人口中，汉族人口为 1225932641 人，占 91.51%；

55个少数民族人口为113792211人，占8.49%。[1] 中国是个多宗教的国家，宗教徒信奉的主要有佛教、道教、伊斯兰教、天主教和基督教。国家通用语言文字是普通话和规范汉字。10月1日为国庆日。中国拥有5000多年的悠久历史，是世界四大文明古国之一，造纸术、印刷术、指南针、火药这四大发明对世界历史产生过重大影响。中国自然资源丰富。其中，水能资源蕴藏量达6.8亿千瓦，居世界第一位。矿产资源达171种，已探明储量的有157种，钨、锑、稀土、钼、钒和钛等的探明储量居世界首位，煤、铁、铅锌、铜、银、汞、锡、镍、磷灰石、石棉等的储量也居世界前列。

1953—2013年，中国国内生产总值按不变价计算提高了122倍，年均增长8.2%，平均每9年翻一番。改革开放后更是保持了年均9.8%的高速增长，远远超过同期世界经济年均增速2.7%的水平。1952年，中国国内生产总值只有679亿元人民币，1978年增加到3645亿元，2013年则为568845亿元。在此过程中，从1978年增加到1986年的1万亿元用了8年时间，增加到1991年的2万亿元用了5年时间，此后10年平均每年上升近1万亿元，并于2001年超过10万亿元大关。1978年，中国经济总量占世界总比重的1.7%，居世界第10位。但从2000年开始，中国先后超过意大利、法国、英国、德国，并于2010年超过日本，成为仅次于美国的世界第二大经济体。2008—2013年，中国对世界经济增长的贡献率超过30%。

改革开放以来，中国积极承接国际产业转移，加速推动产业结构转型，其制造业增加值所占的世界比重已经超过20%。作为一个

① 参见2010年第六次全国人口普查主要数据公报。

世界制造业大国，中国在能源、冶金、化工、建材、机械设备、电子设备和交通运输设备制造及各种消费品领域具备了庞大的生产能力。按照国际标准工业分类，中国在7个大类中名列第一，钢铁、水泥、汽车等220多种工业品产量居世界第一位。与此同时，中国进入《财富》世界500强的大型企业达89家（含香港地区），总数位列美国之后居世界第二位。“中国制造”享誉全球，“世界工厂”也因此成为中国的一张国际名片。不仅如此，中国的工业发展还从侧重于价值链低端的劳动密集型产业逐渐向中高端迈进，在航天技术、高性能计算机技术、数控机床制造技术、通信技术等领域实现了一系列重大突破，其中电子信息、航空航天、生物医药、新能源、新材料等高技术产业成为带动工业结构转型升级的重要因素。2004—2013年，中国高技术产业年均增长15.8%，装备制造业年均增长16.3%。

改革开放之初，中国货物进出口贸易总额仅为206.4亿美元，1988年才突破千亿美元大关。加入世界贸易组织后，中国对外贸易总量连续增长，2001年突破5000亿美元，2004年突破1万亿美元，2007年突破2万亿美元。其中，1979—2013年年均增长16.4%，2001—2013年年均增长18.2%。1978年，中国货物贸易进出口额占世界贸易总额的比重仅为0.8%，在世界贸易中居第29位，2010年占世界贸易总额的比重为9.7%，仅次于美国居世界第二位；2013年进一步上升为11.0%，超过美国跃居世界第一位。其中，出口额占11.7%，居世界第一位，进口额占10.3%，居世界第二位。此外，中国服务贸易发展也快速增长，1983—2013年服务贸易进出口额年均增长16.8%，快于同期对外货物贸易总额增速0.8个百分点。其中，出口年均增长15.4%，进口年均增长18.1%。

截至2013年年底，中国国内1.53万家境内投资主体在全球184个国家和地区设立的境外直接投资企业超过2.54万家。对外投资形式从单一的绿地投资向跨国并购、参股、境外上市等多种方式扩展，投资领域也从资源、电讯及石油化工等向金融、商务服务等延伸。另外，中国对外经济合作业务已经遍及全球200多个国家和地区，电力、冶金、石化、轨道交通和电子通讯等资金技术密集行业成为中国对外经济合作的主要领域。1979年，中国签订的对外承包工程合同数仅有27份，金额仅为0.3亿美元；2013年，合同数量增加至11578份，涉及金额也达到1716.3亿美元。① 鉴于中国经济的持续、健康、快速发展以及中国在世界经济中的地位和影响，“金砖之父”奥尼尔一直对中国推崇备至，甚至曾公开表示，如果要对所谓的金砖国家进行重新界定，他认为仅有中国名副其实。

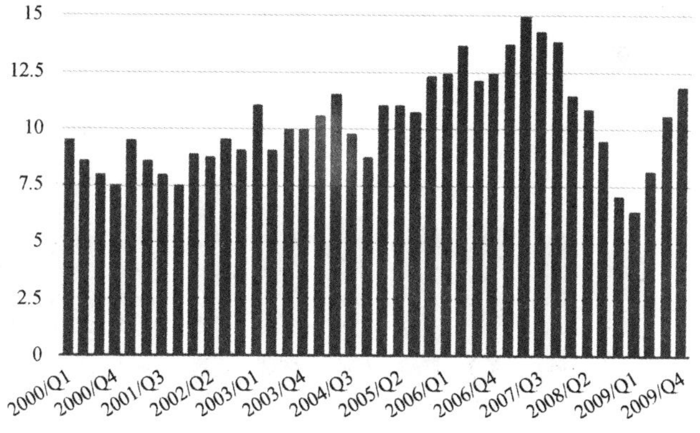

图5—1 中国经济增长率（2000—2009年）

资料来源：TheGlobalEconomy. com，National Bureau of Statistics of China.

---

① 参见国家统计局《新中国65周年》，2015年2月13日，http：//www. stats. gov. cn/tjzs/tjbk/201502/t20150213_683631. html。

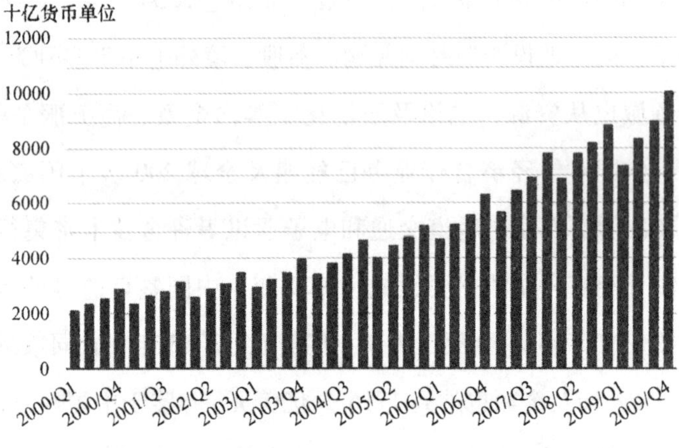

图 5—2 中国国内生产总值（2000—2009 年）

资料来源：TheGlobalEconomy. com，National Bureau of Statistics of China.

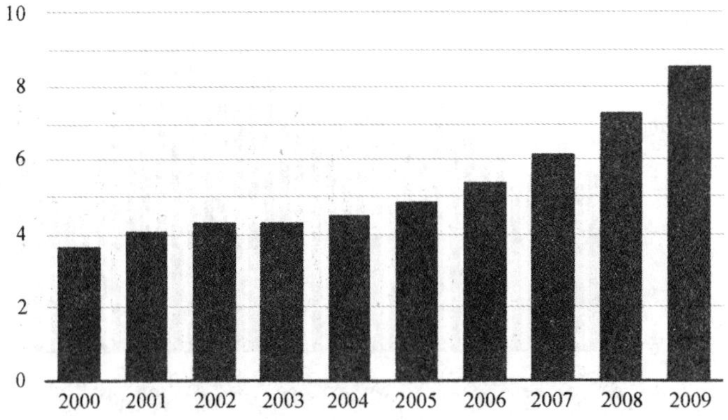

图 5—3 中国占世界 GDP 总量的比重（2000—2009 年）

资料来源：TheGlobalEconomy. com，The World Bank.

第二节　中国的金砖前景

在持续对外开放和深度融入全球化的背景下，中国不可避免地受到全球金融危机的影响。2008 年 12 月 24 日，时任中国国家发展和改革委员会主任张平受国务院委托，在第十一届全国人民代表大会常务委员会第六次会议上报告了国际金融危机对中国经济的影响，以及中国政府已经采取和即将采取的应对措施。[①]

首先，危机对中国经济的影响主要表现为：

一是外贸进出口增幅回落较快，投资增长有所放慢。至 2008 年 11 月，进口、出口增长速度分别下降 17.9% 和 2.2%；城镇固定资产投资增幅比 6 月和 10 月分别回落 5.7 个和 0.6 个百分点。

二是工业生产显著放缓，原材料价格和运输市场需求下降。规模以上工业增加值增速至 11 月下降到 5.4%。与此同时，发电量同比下降 9.6%；用电量下降 8.3%。国内钢材、电解铝、锌等有色金属产品的市场价格大幅下跌。全国铁路货运总周转量和沿海规模以上港口货物吞吐量同比也出现回落。

三是房地产和汽车市场低迷，消费热点降温。2008 年 1—11 月，全国商品房销售面积同比下降 18.3%；11 月汽车销售量下降 14.6%；建筑及装潢材料类商品销售下降 32.6%；通讯器材类下

① 参见《国务院关于积极采取措施应对国际金融危机确保国民经济平稳较快发展情况的报告》，中国人大网，2008 年 12 月 27 日，http：//www.npc.gov.cn/huiyi/cwh/1106/2008 - 12/27/content_ 1465306.htm。

降4.8%。

四是部分企业经营更加困难，就业形势严峻。中小企业停产、歇业现象增多，一些大企业也出现较大亏损。城镇新增就业人数增速下降，农民工提前返乡增多。

五是财政收入增幅逐步回落，金融市场潜在风险不容忽视。财政收入呈逐季下滑态势，10月开始出现负增长，当月同比下降0.3%，11月下降幅度进一步扩大到3.1%。国际金融动荡严重影响了国内投资者信心，股票市场持续低迷；由于企业亏损增加、利润减少，银行体系经营压力加大，潜伏着资产质量下降的风险。

其次，中国政府当即采取的危机应对措施主要包括：

第一，中央政府新增1000亿投资计划，并提前下达汶川地震灾后恢复重建基金200亿元，重点投向改善民生的保障性工程、支持“三农”的各方面建设、重大基础设施建设以及灾后恢复重建工作。

第二，加大对企业的扶持力度，制定了振兴规划支持重点产业发展、加快推进企业技术改造和兼并重组、增加重要物资国家收储和商业收储、加快服务业发展、加大就业和社会保障支持力度等六方面措施。同时，专门安排资金解决中小企业贷款难问题，并出台了促进轻纺工业以及钢铁、有色、石化、汽车、船舶、乳制品、电子信息等行业健康发展的相关政策措施。

第三，多次提高纺织、服装、玩具等劳动密集型商品和机电等高附加值商品以及其他受影响较大产品的出口退税率，取消部分钢铁、化工、粮食产品的出口关税或特别出口关税，同时降低铝材、化肥等产品的出口关税，并暂停和调整了部分加工贸易限制类商品保证金台账实转政策。

第四，加大金融对经济发展的支持力度，研究出台了金融促进经济发展的九方面政策措施，如促进货币信贷稳定增长，对基本面比较好、信用记录较好、有竞争力、有市场、有订单但暂时出现经营或财务困难的企业给予信贷支持；稳定股票市场运行，增加债券发行规模；引导保险公司以债权等方式投资基础设施，允许商业银行对企业发放并购贷款，以及改进外汇管理，加快金融服务现代化和深化金融改革等。

第五，积极扩大消费和改善民生，努力提高居民特别是低收入居民的收入水平；帮扶困难企业稳定就业岗位，扩大失业保险金使用范围，积极发展各类职业技能培训，把失业人员和返乡农民工纳入培训计划；稳定居民住房消费，进一步扩大家电下乡的范围和补贴品种。

第六，采取更加有力的政策促进农业发展，如按照市场价格增加收购农产品，充实国家储备；较大幅度提高小麦最低收购价格；大幅增加“三农”投入，重点用于农村民生、社会事业和基础设施；促进农民工就业；增加对农民的补贴。

第七，加快推进重点领域和关键环节改革，坚持推进增值税转型，减轻企业负担；统一取消或停止100项行政事业性收费；推进成品油价格和税费改革，促进节能减排和发展方式转变；加快医药卫生体制改革，推进公共卫生服务。

最后，中国政府还提出了进一步扩大内需，促进经济平稳较快增长的计划，并提出了制定钢铁、汽车、船舶、石化、纺织、轻工、有色金属、装备制造、电子信息等九个产业的振兴规划。在此背景下，尽管中国经济增速有所下降，然而相较于世界平均水平，中国经济仍可算是一枝独秀，从而成为整个危机期间世界经济稳定和增长的最大贡献者。①

2018年11月30日，习近平主席在布宜诺斯艾利斯参加二十国集团领导人第十三次峰会时再次指出，国际金融危机发生以来，中国经济对世界经济增长贡献率超过30%。2019年1月，中国国家统计局的最新数据显示，2018年中国国内生产总值为900309亿元，按可比价格计算，比上年增长6.6%，实现了6.5%左右的预期发展目标。其中，一季度同比增长6.8%，二季度增长6.7%，三季度增长6.5%，四季度增长6.4%。第一产业增加值64734亿元，比上年增长3.5%；第二产业增加值366001亿元，增长5.8%；第三产业增加值469575亿元，增长7.6%。② 可以预见的是，随着中国经济的持续增长，中国作为最闪耀的一块金砖的地位将继续得以保持。

第三节　中国的金砖外交

中国对金砖国家合作一直抱有较为积极的态度。中国不仅在三亚峰会上邀请南非正式加入金砖国家集团，从而实现了金砖国家迄今为止首次也是唯一的一次组织扩容，而且还在厦门峰会上就全面深化金砖伙伴关系，开启金砖合作第二个“金色十年”提出了相关倡议，形成了较为成熟的金砖外交规划。中国的金砖外交特色主要

① 肖鹞飞：《国际金融危机对中国的影响》，《理论视野》2018年第9期，第38页。

② 参见“国新办就2018年国民经济运行情况举行发布会”，中国网，2019年1月21日，http://www.china.com.cn/zhibo/content_74385255.htm。

体现在：一是以创新为引领，深入挖掘世界经济增长潜力，为开辟新一轮增长格局增添助力；二是以开放谋共赢，积极推动实现贸易投资便利化，为构建开放性世界经济做出重要贡献；三是以发展树旗帜，展现中国在国际发展合作中的引领作用和担当精神；四是以联通增动力，为实现全球互联互通注入强大动力；五是以变革促公平，促进国际金融体系改革，提升新兴市场和发展中国家的代表性和发言权。①

具体而言，中国的金砖外交主要包括以下几个方面：②

第一，致力于推进金砖国家经济务实合作，在贸易投资、货币金融、互联互通、可持续发展、创新和产业合作等领域拓展利益汇聚点，充分释放金砖合作潜力，进一步推动合作机制化、实心化，提升合作含金量，使金砖合作机制行稳致远。

第二，致力于加强金砖国家发展战略对接，发挥金砖五国各自在资源、市场、劳动力等方面的比较优势，激发五国增长潜力和人民创造力，开辟巨大发展空间。特别注重寻找发展政策和优先领域的契合点，交流分享经验，助力彼此经济增长，实现联动包容发展。

第三，致力于推动国际秩序朝着更加公正合理的方向发展，呼吁金砖国家共同参与解决重大紧迫的全球性问题，坚定奉行多边主义和国际关系基本准则，推动构建新型国际关系；积极推动开放、包容、普惠、平衡、共赢的经济全球化，建设开放型世界经济；努

---

① 王毅：《金砖合作扬帆未来 中国外交阔步前行》，《理论参考》2017 年第 9 期，第 5—6 页。

② 参见习近平：《深化金砖伙伴关系 开辟更加光明未来——在金砖国家领导人厦门会晤大范围会议上的讲话》，2017 年 9 月 4 日，https：//www.fmprc.gov.cn/web/gjhdq_676201/gjhdqzz_681964/jzgj_682158/zyjh_682168/t1489723.shtml。

力推进全球经济治理改革，为解决南北发展失衡、促进世界经济增长提供新的动力。

第四，致力于促进金砖国家人文民间交流，让伙伴关系理念扎根金砖各国人民心中，力争使金砖合作永葆活力，尤其是要通过运动会、电影节、文化节、传统医药高级别会议等活动的经常化、机制化，努力深入基层，营造百花齐放的生动局面。

实际上，中国的金砖外交是中国总体外交的有机组成部分，可以且应当置于中国全方位外交体系之中进行解读。从这个意义上讲，一方面，中国的金砖外交是中国对发展中国家外交的重要抓手。中国旨在通过金砖合作，代表和推广发展中国家立场，争取和维护发展中国家合法权益；反对霸权主义、强权政治，推动国际关系民主化；发挥负责任大国作用，捍卫国际公平正义；合力推动国际体系和国际秩序朝着更加公平合理的方向发展。[①] 另一方面，中国的金砖外交是中国多边外交的重要载体。首先，中国希望通过金砖合作为其参与多边外交提供有力支撑，尤其是助力提升中国参与全球经济决策和金融治理的能力；其次，中国试图将金砖国家合作机制打造成为其参与国际政治领域多边外交活动的战略合作平台；最后，中国主张通过金砖国家协同应对全球性问题，从而提升中国参与解决全球性问题的能力，同时平衡中国应对全球性挑战的责任。[②]

值得注意的是，鉴于中国在金砖国家中的规模与影响，呼吁中

① 赵可金：《中国国际战略中的金砖国家合作》，《国际观察》2014 年第 3 期，第 50 页。

② 蒲傳：《金砖国家机制在中国多边外交中的定位》，《教学与研究》2014 年第 10 期，第 55—57 页。

国发挥主导作用的声音越来越多，但与此同时，质疑中国主导金砖合作的看法也此起彼伏。对此，中国外交部发言人耿爽就曾回应道："金砖国家在合作中自始至终坚持相互尊重，求同存异，凡事大家商量着来，不存在由谁来领导的问题。金砖合作维护的是大家的共同利益，体现的是大家的共同意愿，反映的也是广大发展中国家的共同心声。"① 而在金砖合作的实践过程中，中国历来坚持集体领导，不追求垄断地位；尊重各国主权，从不将自己的意志强加于人；注重协商引领，反对发号施令。② 这既是中国总体外交理念的生动体现，也是中国金砖外交政策的基本原则。

第四节　中国与全球治理

中国参与全球治理的开端至少可以追溯到20世纪40年代联合国的成立，尤其是在70年代中华人民共和国恢复在联合国的合法席位后，中国进一步融入全球体系，介入全球事务，并在全球化逐步深入推进的背景下，越发主动地加入各种全球治理机制。21世纪初，中国成功加入世界贸易组织，成为中国参与全球治理的里程碑事件之一。其后，面对美国次贷危机引发的全球金融风暴和世界经济危机，中国积极倡议，思考中国方案，贡献中国智慧，对应对与缓和

① 参见"中方强化在金砖中领导地位？外交部称合作是共同心声"，央视网，2017年9月6日，http：//news. cctv. com/2017/09/06/ARTILlsBA05MtcNYpDTI1h3l170906. shtml。

② 参见"乘风破浪潮头立——中国在金砖国家合作中的担当"，新华社，2017年8月28日，http：//www. xinhuanet. com/politics/2017 －08/28/c_ 1121557269. htm。

危机的负面影响起到了良好的作用。[①] 与此同时，面对日益严峻的治理形势和治理困境，中国共产党和中国政府也逐步开启了探索兼具世界眼光和中国特色的新型全球治理观的进程。

2013 年 3 月，习近平主席在出访前接受金砖国家媒体联合采访时就首次指出，全球经济治理体系必须反映世界经济格局的深刻变化，增加新兴市场国家和发展中国家的代表性和发言权。新兴市场国家和发展中国家希望全球经济治理体系更完善、更符合世界生产力发展要求、更有利于世界各国共同发展。紧接着，他在南非德班举行的金砖国家领导人第五次会晤上再次强调，不管全球治理体系如何变革，我们都要积极参与，发挥建设性作用，推动国际秩序朝着更加公正合理的方向发展，为世界和平稳定提供制度保障。[②] 2015 年 10 月 12 日和 2016 年 9 月 27 日，十八届中共中央政治局第 27 次和第 35 次集体学习又先后将全球治理格局、治理体制以及全球治理体系变革作为学习主题，体现了中央对全球治理的高度重视，同时进一步推动了中国全球治理观的成型。

2017 年 10 月，中国共产党第十九次全国代表大会在北京召开。习近平总书记在党的十九大报告中明确指出，中国秉持共商共建共享的全球治理观，倡导国际关系民主化，坚持国家不分大小、强弱、贫富一律平等，支持联合国发挥积极作用，支持扩大发展中国家在国际事务中的代表性和发言权。中国将继续发挥负责任大国作用，

---

① 王鸿刚：《中国参与全球治理：新时代的机遇与方向》，《外交评论》2017 年第 6 期，第 11 页。

② 参见“关于全球治理，习近平有哪些深刻阐述？”新华网，2016 年 8 月 30 日，http://www.xinhuanet.com//world/2016-08/30/c_129263290.htm。

积极参与全球治理体系改革和建设，不断贡献中国智慧和力量。[①] 2018年7月25日，习近平主席在南非约翰内斯堡举行的金砖国家工商论坛上再次强调，未来10年，将是全球治理体系深刻重塑的10年。全球治理体系的走向，关乎各国特别是新兴市场国家和发展中国家发展空间，关乎全世界繁荣稳定。对此，金砖国家应当坚持多边主义，完善全球治理。特别是要反对霸权主义和强权政治，倡导共同、综合、合作、可持续的安全观，支持多边贸易体制，继续推进全球经济治理改革，在制定新规则时都要充分听取新兴市场国家和发展中国家意见，反映他们的利益和诉求，确保他们的发展空间。[②]

概括而言，中国的全球治理观主要具备如下特点：第一，紧扣时代主题，既准确认知全球化的发展现状和全球性问题的严峻现实，又理性地看待全球治理体制机制改革的重要性和必要性；第二，突出合作共赢，既体现当下的意义，又根植于中国的传统文化；第三，阐明改革方向，坚定支持联合国宪章的宗旨和原则，致力于推动国际关系民主化、法治化、合理化；第四，重视大国关系，倡导求同存异，协同治理，共同繁荣；第五，开拓融资渠道，搭建融资平台，创新融资方式，为填补因资金短缺造成的治理赤字做出新的贡献。[③]

① 参见习近平：《决胜全面建成小康社会 夺取新时代中国特色社会主义伟大胜利——在中国共产党第十九次全国代表大会上的报告》，2017年10月18日，http://www.gov.cn/zhuanti/2017-10/27/content_5234876.htm。

② 参见习近平：《顺应时代潮流 实现共同发展——在金砖国家工商论坛上的讲话》，2018年7月25日，http://www.xinhuanet.com/politics/leaders/2018-07/26/c_1123177214.htm。

③ 任林：《中国全球治理观：时代背景与挑战》，《当代世界》2018年第4期，第48—49页。

经过多年的发展，中国已经开始逐步从全球治理的参与者转变为全球治理的引领者，并在全球治理各领域发挥了积极且重要的作用。首先，中国通过倡导普惠包容、共享共赢的理念，推动 WTO 多哈回合贸易谈判和 IMF 份额改革，突破 G20 框架下贸易投资合作，倡议成立亚洲基础设施投资银行和共建“一带一路”，引领和推进全球经济治理。① 其次，中国积极缴纳联合国维和摊款，至 2016 年达到总额的 10.2%，成为第二大贡献国。与此同时，中国派出的维和军人数量也是联合国安理会常任理事国中最多的。不仅如此，中国还与联合国建立了 10 亿美元的中国—联合国和平与发展基金，并向非盟提供了 1 亿美元的无偿军事援助，从而为全球安全治理做出了突出的贡献。② 最后，中国积极参与国际发展合作，60 多年来，共向 166 个国家和国际组织提供了近 4000 亿元人民币援助，派遣了 60 多万援助人员。中国还致力于通过设立“南南合作援助基金”，增加对最不发达国家投资，免除有关最不发达国家、内陆发展中国家、小岛屿发展中国家的部分政府间无息贷款债务，设立国际发展知识中心，倡议探讨构建全球能源互联网等方式，促进全球发展治理，推动全球发展事业。③

① 东艳：“中国在全球治理中的四大贡献”，新华网，2017 年 1 月 19 日，http://www.xinhuanet.com/world/2017-01/19/c_135993762.htm。

② 王京武：《中国是联合国维和行动的中坚力量》，《解放军报》2018 年 10 月 11 日，第 4 版。

③ 习近平：《谋共同永续发展 做合作共赢伙伴——在联合国发展峰会上的讲话》，2015 年 9 月 26 日，新华网，http://www.xinhuanet.com/politics/2015-09/27/c_1116687809.htm。

附录

习近平主席论金砖合作（摘录）

2013 年 3 月 27 日，南非德班

不管国际风云如何变幻，我们都要始终坚持和平发展、合作共赢，要和平不要战争，要合作不要对抗，在追求本国利益时兼顾别国合理关切。

不管国际格局如何变化，我们都要始终坚持平等民主、兼容并蓄，尊重各国自主选择社会制度和发展道路的权利，尊重文明多样性，做到国家不分大小、强弱、贫富都是国际社会的平等成员，一国的事情由本国人民做主，国际上的事情由各国商量着办。

不管全球治理体系如何变革，我们都要积极参与，发挥建设性作用，推动国际秩序朝着更加公正合理的方向发展，为世界和平稳定提供制度保障。

加强同金砖国家合作，始终是中国外交政策的优先方向之一。中国将继续同金砖国家加强合作，使金砖国家经济增长更加强劲、合作架构更加完善、合作成果更加丰富，为各国人民带来实实在在的利益，为世界和平与发展做出更大贡献！

2014 年 7 月 15 日，福塔莱萨

金砖国家合作是不断前进的历史进程。我们要在总结经验的基础上，规划新的合作蓝图。我认为，这个蓝图就是发展金砖国家更紧密、更全面、更牢固的伙伴关系。

这要求我们发扬金砖国家独特的合作伙伴精神。我们应该坚持开放精神，发挥各自比较优势，加强相互经济合作，培育全球大市场，完善全球价值链，做开放型世界经济的建设者。我们应该坚持包容精神，推动不同社会制度互容、不同文化文明互鉴、不同发展模式互惠，做国际关系民主化的实践者。我们应该坚持合作精神，继续加强团结，照顾彼此关切，深化务实合作，携手为各国经济谋求增长，为完善全球治理提供动力。我们应该坚持共赢精神，在追求本国利益的同时兼顾别国利益，做到惠本国、利天下，推动走出一条大国合作共赢、良性互动的路子。

中国外交有原则、重情谊、讲道义、谋公正。对大国关系，中国主张不冲突不对抗、相互尊重、合作共赢，共同走和平发展之路。对金砖国家合作，我们尤为珍视，列为外交优先领域，坚持同金砖国家做好朋友、好兄弟、好伙伴。

我相信，一个发展质量更好、更具包容性、更可持续的中国，一个在国际关系中倡导和平、发展、合作、共赢的中国，一个积极参与金砖国家合作的中国，必将继续为维护世界和平、促进共同发展做出更大贡献。

2015 年 7 月 9 日，乌法

当前，国际形势错综复杂，金砖国家机遇和挑战并存，我们应该加强合作、携手并进，继续做推动全球发展的领跑者。我愿就加强金砖国家伙伴关系谈几点看法。

第一，构建维护世界和平的伙伴关系。金砖国家应该倡导共同、综合、合作、可持续的安全观，协调行动，相互支援，携手应对全球性问题。金砖国家应该共同维护第二次世界大战胜利成果和国际公平正义。同时，要以史为鉴，摒弃冷战思维，拒绝零和博弈，共同维护地区和世界和平稳定。我们要继续致力于推动国际关系民主化。要倡导通过对话和谈判，以和平和政治方式解决分歧。

第二，构建促进共同发展的伙伴关系。金砖国家合作事业要繁荣昌盛，就要强本固基，打造金砖国家利益共同体。我们要以建设利益共享的价值链和利益融合的大市场为目标，共同构建更紧密经济伙伴关系。我们要继续致力于促进发展中国家共同发展繁荣。在重大国际发展议题上，维护新兴市场国家和发展中国家共同利益。

第三，构建弘扬多元文明的伙伴关系。我们要坚持开放包容，在交流互鉴中取长补短，在求同存异中共同前进。金砖国家分处四大洲、地跨南北半球，具有独特地理优势，我们要利用好这一优势，积极开展同其他国家和国际组织对话和交流，分享合作成果。要加强同其他新兴市场国家和发展中国家团结合作，不断壮大我们的力量，扩大金砖国家代表性和影响力。

第四，构建加强全球经济治理的伙伴关系。我们要共同致力于提高金砖国家在全球治理体系中的地位和作用，推动国际经济秩序顺应新兴市场国家和发展中国家力量上升的历史趋势。

2016 年 10 月 16 日，果阿

经过 10 年发展，金砖国家合作已经是枝繁叶茂、树大根深。我们完全有能力化挑战为机遇，化压力为动力，同舟共济，共克时艰。我们要贡献金砖国家的智慧和力量，携手寻找应对之道。

中国是金砖机制的坚定支持者和参与者，把金砖国家合作作为中国外交的重要方向，相信金砖国家合作会有力促进世界和平、稳定、繁荣。

2017年9月4日，厦门

金砖合作已经走过10年光辉历程。我们五国虽然山海相隔，但怀着合作共赢的共同目标走到了一起。

金砖合作之所以得到快速发展，关键在于找准了合作之道。这就是互尊互助，携手走适合本国国情的发展道路；秉持开放包容、合作共赢的精神，持之以恒推进经济、政治、人文合作；倡导国际公平正义，同其他新兴市场国家和发展中国家和衷共济，共同营造良好外部环境。

事实证明，金砖合作契合我们五国发展共同需要，顺应历史大势。尽管我们五国国情不同，但我们对伙伴关系、繁荣发展的追求是共同的，这使我们能够超越差异和分歧，努力实现互利共赢。

过去10年，是金砖国家集中精力谋发展的10年，也是坚持不懈深化伙伴关系的10年。在金砖合作的历史进程中，10年只是一个开端。正如年初我在致各位同事的信中所说，展望未来，金砖合作必将得到更大发展，也必将在国际事务中发挥更大作用。让我们共同努力，推动金砖合作从厦门再次扬帆远航，开启第二个“金色十年”的大门，使金砖合作造福我们五国人民，惠及各国人民！

2018年7月26日，约翰内斯堡

金砖国家要把握历史大势，深化战略伙伴关系，巩固“三轮驱动”合作架构，让第二个“金色十年”的美好愿景变为现实，携手迈向人类命运共同体。

加强经济合作、实现共同发展是金砖合作的初衷和主线，也是潜力最大、内容最丰富、成果最集中的领域。我们要加强贸易投资、财金、互联互通等领域合作，把合作蛋糕做大做实。

政治安全合作是金砖战略伙伴关系的重要内容。要充分发挥外长会晤、安全事务高级代表会议、常驻联合国代表会晤等机制作用，发出金砖声音，提出金砖方案，共同构建相互尊重、公平正义、合作共赢的新型国际关系。

金砖五国孕育出各自灿烂文明，彼此交相辉映，人文交流合作大有可为。我们要继续以民心相通为宗旨，广泛开展文化、教育、卫生、体育、旅游等各领域人文大交流，筑牢金砖合作民意基础。

金砖机制成立伊始，我们就共同确定了走开放包容之路的正确方向。厦门会晤更确立了“金砖+”合作理念，其要义是在不断强化五国团结协作内核，提升金砖向心力、凝聚力的同时，持续扩大金砖“朋友圈”，同广大新兴市场国家和发展中国家实现共同发展繁荣。

推荐书目

[1] Srikanth Kondapalli，Priyanka Pandit，*China and the BRICS：Setting Up a Different Kitchen*，Pentagon Press，2017.

[2] Gerald Chan，Pak K. Lee，Lai-Ha Chan，*China Engages Global Governance：A New World Order in the Making?*，Routledge，

2011.

［3］王文奇：《金砖四国之路：中国——和平崛起的东方龙》，长春出版社2010年版。

［4］赵进军主编：《新中国外交60年》，北京大学出版社2010年版。

［5］李放、卜凡鹏主编：《金砖国家崛起系列之一中国——腾跃的东方巨龙》，民主与建设出版社2013年版。

［6］杨洁勉：《中国外交理论和战略的建设与创新》，上海人民出版社2014年版。

［7］何亚非：《选择：中国与全球治理》，中国人民大学出版社2015年版。

［8］阎学通、曹玮主编：《超越韬光养晦：谈3.0版中国外交》，天津人民出版社2016年版。

［9］辛本健：《全球治理的中国贡献》，机械工业出版社2016年版。

［10］王灵桂：《中国：推动金砖国家合作第二个黄金十年》，社会科学文献出版社2017年版。

［11］林尚立：《当代中国政治：基础与发展》，中国大百科全书出版社2017年版。

［12］厉以宁：《改革开放以来的中国经济：1978—2018》，中国大百科全书出版社2018年版。

第六章　金砖国家之南非

导言：地区主义与世界政治

地区化是当今世界伴随全球化共同发展的另一个显性趋势。可以说，目前世界上的各个地区和次区域都或多或少、或强或弱地存在着各种形式的一体化。而当这种基于地区属性和现实需求的跨国合作成为主权国家及其政府的共识，并自上而下地、有计划地、有组织地推动实施时，地区主义也就应运而生了。从国家利益的视角来看，参与和推动地区主义不仅能够在经济上享受自由贸易区和统一大市场带来的规模性红利，而且有助于在政治上建立亲善关系，在安全上培育共同体意识，同时还可以为特定地区或次区域在更大范围的国际关系中提升代表性和发言权奠定坚实的基础。尤其是对于其中的主导国而言，地区主义往往成为该国有资格参与国际事务，有能力影响国际议程的重要条件。因此，地区大国几乎都有志于争取和维护各自在特定地区一体化进程中的主导权，进而为其在国际体系中的进阶提供坚实的后盾。当然，也正因如此，其他大国在介入特定地区事务时，除去强权政治与霸权主义的因素，都有必要对特定地区大国示以充分的尊重，并将其作为桥梁和纽带，方能与对象地区实现互利互信、合作共赢。

第一节　南非的金砖身份

南非共和国位于非洲大陆最南端，东濒印度洋，西临大西洋，北邻纳米比亚、博茨瓦纳、津巴布韦、莫桑比克和斯威士兰，另有莱索托为南非领土所包围。海岸线长约 3000 公里，国土面积 1219090 平方公里。2017 年全国人口总数为 5652 万，分黑人、有色人、白人和亚裔四大种族，分别占总人口的 80.7%、8.8%、8.0% 和 2.5%。黑人主要有祖鲁、科萨、斯威士、茨瓦纳、北索托、南索托、聪加、文达、恩德贝莱 9 个部族，主要使用班图语。白人主要为阿非利卡人和英裔白人，语言为阿非利卡语和英语。有色人主要是白人同当地黑人所生的混血人种，主要使用阿非利卡语。亚裔人主要是印度人和华人。南非共有 11 种官方语言，英语和阿非利卡语为通用语言。全国约 80% 的人信仰基督教，其余信仰原始宗教、伊斯兰教、印度教等。南非拥有三个首都——比勒陀利亚为行政首都；开普敦为立法首都；布隆方丹为司法首都。

南非矿产资源丰富，是世界五大矿产资源国之一，现已探明储量并开采的矿产有 70 余种。铂族金属、氟石、铬的储量居世界第一位，黄金、钒、锰、锆居第二位，钛居第四位，磷酸盐矿、铀、铅、锑居第五位，煤、锌居第八位，铜居第九位。南非矿业历史悠久，具有完备的现代矿业体系和先进的开采冶炼技术，是南非经济的支柱之一。南非是世界上重要的黄金、铂族金属和铬的生产国和出口国，其中钻石产量约占世界的9%。此外，南非制造业门类齐全，技术先进，主要产品包括钢铁、金属制品、化工、运输设备、机器制造、食品加工、纺织、服装等。不仅如此，其能源工业的基础也十分雄厚，其中，南非的发电量占到全非洲的2/3。①

1994年，南非废除种族隔离制度，从而在国内和国际两方面为经济发展创造了稳定的政治局面和有利的发展环境。在南非新政府的以非洲为依托的发展理念和发展战略指导下，截至2003年，南非国内生产总值年均增长2.8%，人均国内生产总值年均增长1%，财政赤字降至1%，公共部门债务降到国内生产总值的50%。南非储备银行在国际外汇市场的净负债完全归零，外汇储备可支付两个半月的进口。物价水平的增幅几乎下降一半，通货膨胀率保持在3%—6%的水平，居民家庭实际可支配收入年均提高3%。制造业产品占出口总值的比例达38%，私人部门投资年均增长5.4%。根据2004年南非统计署发布的统计公报显示，南非经济已经连续保持了23个季度的稳定增长，成为半个世纪以来持续时间最长的经济上升期。②

① 参见中华人民共和国外交部网站，https://www.fmprc.gov.cn/web/gjhdq_676201/gj_676203/fz_677316/1206_678284/1206x0_678286/。

② 杨立华：《南非经济——放眼非洲谋发展》，《西亚非洲（双月刊）》2005年第6期，第55—56页。

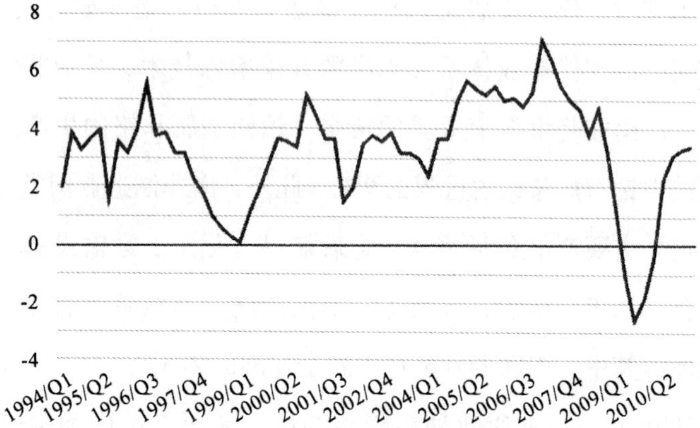

图 6—1　南非经济增长率（1994—2009 年）

资料来源：TheGlobalEconomy. com，Statisties South Africa.

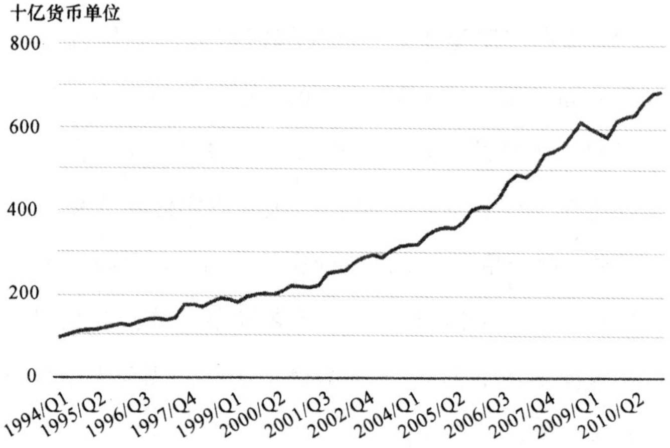

图 6—2　南非国内生产总值（1994—2010 年）

资料来源：TheGlobalEconomy. com，South African Reserve Bank.

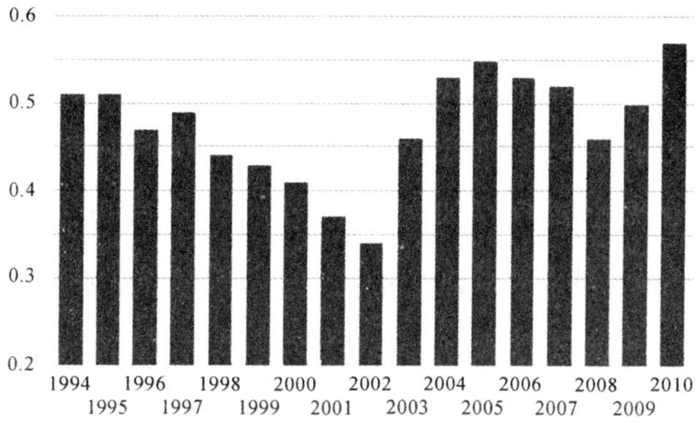

图 6—3　南非占世界 GDP 总量的比重（1994—2010 年）

资料来源：TheGlobalEconomy. com，The World Bank.

尽管南非经济呈现出可喜的增长态势，但是在金砖之父奥尼尔看来，南非并不具备成为金砖国家的资格。因为相对于他眼中真正意义上的金砖国家，南非的经济规模太有限，且缺乏经济发展潜能，人口数量又太少。与此同时，诸如印尼、土耳其、墨西哥、尼日利亚和韩国等新兴经济体似乎更符合金砖国家的标准。[①] 这也是奥尼尔当初在创造金砖概念时，仅仅使用“s”表示复数形式而不是南非国名缩写的重要原因。后来，当金砖四国准备接纳南非成为金砖一员时，奥尼尔还曾公开表示过质疑。他认为，南非能够成为金砖国家看起来是一个“神话”，而这实际上只是一个“强加”的结果。[②]

① 马丁·戴维斯：《非洲大陆上的较量与合作：南非为何成为金砖国家?》，《博鳌观察》2012 年 7 月，第 54 页。

② 祝鸣：《南非的“金砖”身份不可代替》，《文汇报》2015 年 7 月 13 日，http：//whb. cn/zhuzhan/kandian/20150713/33608. html。

当然，南非成功加入金砖国家集团并非没有坚实的基础和充分的理由。除了南非政府的积极游说和多方协调外，南非作为非洲大陆代表的身份和地位则是金砖四国同意扩员的重要原因。单从经济上讲，早在20世纪90年代中期，南非的经济总量就已经占到整个非洲大陆国内生产总值的25%，撒哈拉以南非洲的40%，南部非洲的80%。具体到不同领域，南非在非洲所占的比例如下：电力占50%以上，钢铁产量占83%，煤产量占97%，铁路货运总量占69%，公路占45%，电话拥有量占38%。尽管进入21世纪以来，由于非洲其他国家的经济发展，上述占比相对有所下降，但是南非在21世纪初的经济总量依旧保持在非洲大陆的1/5左右，撒哈拉以南非洲的1/3以上，以及南部非洲的1/2以上。①

此外，南非一方面积极参与非洲大陆的冲突调解、紧急救灾和发展援助，为维护非洲的安全与稳定做出重大贡献。与此同时，还大力推进非洲一体化进程，促成了非洲联盟、泛非议会、非盟委员会等重要机构的成立。更为重要的是，南非在处理非洲事务时十分注重同其他地区大国进行磋商，有效地营造了非洲大陆团结互信的良好氛围。另一方面，南非注重在国际社会中为非洲国家谋求合法权益，推动建立公正合理的国际新秩序，并利用各种国际场合为非洲争取免除债务，取消发达国家农产品补贴，以及推动国际货币金融体系改革朝着有利于发展中国家的方向发展。② 也正因如此，南非

① 杨立华：《南非经济——放眼非洲谋发展》，《西亚非洲（双月刊）》2005年第6期，第59页。

② 舒运国：《南非：非洲的新兴大国》，《上海师范大学学报（哲学社会科学版）》2011年第6期，第134页。

的代表性不是自封的，而是得到非洲国家的广泛认可。从这个意义上讲，南非的金砖资格也就不难理解了。

第二节　南非的金砖前景

由于经济开放程度较高且资本市场发达，南非受到美国次贷危机的冲击较为明显。一方面，从宏观经济来看，危机导致南非经济进入了17年来的首次衰退。仅2009年第一季度，GDP增长率就同比下降6.4%，创下了近25年来的最大降幅。国际货币基金组织也纷纷下调南非经济预期，GDP增长率、人均GDP增长率、财政盈余、政府税收、贸易盈余等各项经济指标均降为负数。与此同时，公共外债所占比重则有所上升，而经常账户赤字更是升至36年来的新高。另一方面，从部门情况来看，危机导致南非2009年第一季度矿产量下降13%；制造业产量下降15%；基础设施建设项目数量减少近两成，金额减少近五成；房价平均下跌10%左右；零售业下滑2.9%，消费总额创13年来最大跌幅；私营贷款下降11.05%；失业率高达25%—35%，就业形势相当严峻。[①]

对此，南非政府采取了多项措施加以应对，同时致力于推动经济改革，促进经济转型，实现经济复苏。例如，南非央行4次降息，累计下调回购利率250个基点；增加政府预算投资，重点用于保护

① 杨宝荣：《金融危机对南非的影响及应对措施》，杨光、姚桂梅、陈沫：《中东非洲发展报告No.12（2009—2010）》，社会科学文献出版社2010年版，第96—99页。

穷人，促进就业增长和扩大培训，加强经济能力建设、促进投资，提高企业竞争力，以及削减债务水平等；加强对纺织等部门的贸易保护，出台针对汽车制造行业的财政补贴和减免零部件关税政策，鼓励部分企业进行产业升级等；继续实施《国家信用法案》，正式颁布消费者保护法；不断增加外汇储备；增设国家计划委员会，加强经济监管；扩大同非洲地区国家以及其他新兴工业化国家的经济合作；支持本国企业积极实施海外并购。[①] 经过上述政策的刺激和提振，南非经济于2009年第二季度触底之后逐步反弹，并自2010年开始重新实现了正增长。

2010年6—7月，第19届世界杯足球赛在南非举行。这是该赛事首次在非洲地区举行。为了办好此届世界杯，南非从2005年就开始着手各项准备工作，并先后投入了200多亿兰特的建设资金。虽然关于世界杯是否以及能在多大程度上促进主办国经济发展存在不同看法，但也的确出现过不同情况的案例，而且2010年世界杯对南非经济的“强心剂”作用还是比较明显的。除了收获高达380亿兰特的纯利润外，南非还因举办世界杯而在建筑、旅游和娱乐休闲等领域创造了长期大量的就业机会，[②] 从而为其经济增长进一步回暖和提升营造了良好的氛围。但在前总统祖马的第二个任期内，由于政府内阁重大改组特别是对前财长的撤换所反映出来的南非政局动荡，多家国际评级机构将南非的主权信用评为垃圾级，给南非经济振兴

① 杨宝荣：《金融危机对南非的影响及应对措施》，杨光、姚桂梅、陈沫：《中东非洲发展报告No.12（2009—2010）》，社会科学文献出版社2010年版，第99—102页。

② 王曦：《论体育文化对经济发展影响的研究——以2010南非世界杯为例》，西安体育学院2014年硕士学位论文，第7页。

蒙上了一层新的阴影。

2018 年 2 月，南非新总统马塔梅拉·西里尔·拉马福萨（Matamela Cyril Ramaphosa）正式就职，并在首份国情咨文中公布了提振经济的十大举措，提出将通过变革创造机会，创造历史。南非财政部、央行、标准银行以及国际货币基金组织等均对 2019 年南非经济做出增长 2% 左右的乐观预估，这也表明南非本国以及国际社会对南非经济的信心适度回归，并为下一步南非新政府推动经济可持续发展提供了有利的内外环境。当然，南非经济的发展状况还与其是否具备代表非洲的资格密切相关。近年来的统计数据显示，尼日利亚已经超过南非成为非洲第一大经济体，进而引发了关于谁是非洲“领头羊”的争论。但也有研究表明，短期内尼日利亚取代南非的可能性较小，但不能忽视前者在中长期内实现对后者的超越。① 从这个意义上讲，南非依托其在非洲的代表性而拥有金砖身份在可预见的一段时期不会发生实质性变化，但面对新的地区挑战者的出现，南非对金砖合作的依赖反而会比以前更多更大。

第三节 南非的金砖外交

2011 年，时任南非驻华大使的贝基·兰加（Bheki Langa）在接受记者专访时指出，经济和政治的双重使命使南非尤为珍视成为金

---

① 刘青海：《撒哈拉以南非洲的“领头羊”：南非抑或尼日利亚?》，《非洲研究》2015 年第 1 期，第 171 页。

砖国家的机会。南非将借助金砖合作的平台，为自身和非洲大陆寻找更多的发展契机，并在国际事务中扮演更加重要的角色。[①] 实际上，南非的金砖外交就是一个由里及外、从小到大的政策规划，其具体内容如下：

第一，通过深化金砖经贸合作，推动南非经济转型与发展。20世纪90年代民主转型之初，由于南非在外资和出口上对欧美市场的严重依赖，南非主要依靠发达国家推动自身经济增长。但美国次贷危机和欧洲主权债务危机导致发达经济体自顾不暇，同时也大幅减少了对南非的投资和进口。而在此背景下，作为新兴经济体代表的金砖国家异军突起，对全球经济的贡献日益增大，成为全球经济增长的重要引擎。南非选择在此时此刻加入金砖国家的一个很明显的目的就在于，要充分利用金砖国家的资金、技术、市场等资源作为发达国家的替代，通过搭乘金砖合作的便车，促进经济结构转型，并助力解决自身面临的贫困、失业以及不平等等各种困境。

第二，通过加强金砖对非合作，促进非洲议程与南非主导。“以非洲为中心”是南非对外战略的显著特征。南非在制定和推行外交政策时，向来都很看重自身所肩负的非洲使命，突出南非外交的非洲意义，强调对非洲权益的捍卫。然而，南非也清醒地意识到，在上述外交目标和自身实力之间实际上存在着相当的差距。因此，借助外力促进非洲发展和安全议程的实现显得尤为必要。鉴于发达国家在经济上的式微和政治上的要求，南非更愿意选择通过与金砖国家

---

① 陈楠：《加入“金砖五国”，开启“非洲时刻”——专访南非共和国驻中国大使兰加》，《商务周刊》2011年2月，第31页。

的合作来推动和引领非洲大陆的可持续发展，而南非在德班峰会期间首次发起的金砖国家与非洲国家领导人对话会即是南非践行非洲理念的具体表现。不仅如此，金砖国家新开发银行决定将非洲区域中心设在南非约翰内斯堡，也是对南非的非洲战略给予的莫大支持。而这些反过来都进一步增强和巩固了南非在整个非洲大陆的主导地位。

第三，通过合作参与全球治理，提升南非国际地位与话语权。在南非看来，国际体系中的权力对比已经发生了有利于新兴经济体和发展中国家的变化，但国际制度却未能及时反映国际格局的变动趋势。为了在构建新的国际政治经济秩序过程中占有一席之地，单靠南非自身甚至是整个非洲都难以有效地实现。因此，南非在背靠非洲的同时必须加强与崛起中的金砖国家的合作，并推动金砖国家在联合国、国际货币基金组织、世界银行、世界贸易组织、二十国集团等多边场合的国际协作，在涉及和平与发展的重大问题上协调共同立场，发出共同声音，采取共同行动，从而维护包括南非和非洲国家在内的新兴经济体和广大发展中国家在全球治理中的合法权益。而在国际新旧力量艰难博弈的背景下，南非选择做金砖合作的坚定支持者和积极参与者的目标是不会发生重大逆转的。①

第四节　南非与全球治理

随着全球化的日益深入发展，包括南非在内的非洲国家不同程

---

① 徐乐：《南非参与金砖合作机制的战略考量与未来选择》，《当代世界》2017 年第 3 期，第 60—63 页。

度地被卷入其中。尽管全球化的确为某些国家实现跨越式发展提供了历史契机，但是也有像大部分非洲国家一样越发被边缘化的情况。由于长期受到贫困和安全问题的困扰，非洲在应对全球性问题和参与全球治理方面的能力明显不足，反过来又进一步恶化了非洲地区的治理形势。因此，作为非洲大陆的典型代表，南非对全球治理的参与是有意识、有谋划的，其目的就是在全球治理过程中尽可能地发出非洲的声音，维护非洲的利益。虽然1994年多种族全国大选后不同时期主政的总统在全球治理的具体内涵上有所侧重，但是南非基于帮助非洲摆脱发展困境，推动实现非洲复兴的基本立场而积极参与全球治理的政策则是一脉相承的。

总的来讲，南非参与全球治理的重要战略理念包括“泛非主义”“非洲复兴”和“南南团结”。其中，“泛非主义”主张将所有非洲人及其后裔视为同一民族，共享同一文化，进而塑造整个非洲休戚与共的整体意识；“非洲复兴”思想基于非洲曾经辉煌的历史，致力于将非洲建设成为地缘政治事务中举足轻重的行为体，最终打造属于非洲的新世纪；“南南团结”则是南非开展对外交往，参与国际事务的基本视角，强调通过与南方国家之间的真诚合作，应对发达国家在政治和经贸领域对发展中国家实施的新的“全球隔离政策”。以此为指引，南非旨在参与全球治理进程中实现三大重点目标。①

第一，推动建立更加公正合理的国际政治经济新秩序。南非呼吁国际规则与国际秩序应更加照顾非洲和南方国家的需求和利益，

---

① 黄海涛：《南非视野下的全球治理》，《南开学报（哲学社会科学版）》2012年第6期，第64—71页。

反对少数大国的单边主义行径，主张以多边协商方式处理国际事务，同时要求对重要的全球治理机制进行改革，以充分将发展中国家的目标置于全球治理议程当中。为此，南非高度重视并积极参与全球多边机制，并成为加入世贸组织争端解决机制仅有的撒哈拉以南非洲国家、二十国集团中唯一的非洲代表以及金砖国家中唯一的非洲成员。不仅如此，南非还积极争取成为联合国安理会新的常任理事国，并寻求在二十国集团中增加撒哈拉以南非洲的代表性和发言权，甚至要为撒哈拉以南非洲创设一个执行董事席位。

第二，提升南非在全球治理中的话语权。一方面，南非将南南合作作为提高自身国际话语权的重要支撑。除了继续发挥在传统南南合作组织中的作用外，南非也尤为重视同新兴发展中国家的关系。早在南非加入金砖国家集团之前，南非就已经参与建立了“印度—巴西—南非对话论坛”，同时与中国、印度和巴西组成了“基础四国”，就全球气候变化协同相互立场。而这些都为后来南非在金砖平台上继续扩大对全球治理的参与奠定了良好的基础。另一方面，南非并不主张将南南合作与南北合作相对立，而是利用自身与西方发达国家已有的关联，通过南北对话推动全球治理。为此，南非不仅与欧盟、英国、德国、法国、日本等发达经济体之间确立了双边合作关系，而且还成功推动了八国集团与非洲国家对话会，而这些都为南非加大发声力度，加强发声影响提供了便利的条件。

第三，促进非洲区域治理，推动实现非洲复兴。如果说应对全球层面的各种威胁与问题是非洲参与全球治理的终极目标，那么解决非洲地区面临的全球性问题，帮助非洲摆脱在全球化中的不利局面则是南非参与全球治理的直接目标。在此过程中，南非特别强调非洲一体化对消解地区冲突，促进地区发展的积极作用。为此，南非积极支持非盟完善机制建设，并先后在非盟框架下推动实施非洲复兴计划并提出了“非洲发展新伙伴计划”。与此同时，南非还重点支持非盟在维护地区和平与安全方面所扮演的重要角色，多次协助非盟化解地区安全矛盾，并在非洲反恐行动中发挥了重要的作用。

◆ 附录 ◆

2017 年 8 月 17 日，首任金砖国家新开发银行行长瓦曼 · 卡马特（K. V. KAMATH）在南非约翰内斯堡新开发银行非洲区域中心开幕式上的讲话（摘译）

尊敬的祖马总统阁下，部长、贵宾、朋友和同事们：

非洲区域中心（ARC）是新开发银行的第一个地区办事处，它的成立是新开发银行的一个重要里程碑。它标志着新开行创始人在其协议条款中做出的承诺得到履行。我们衷心感谢南非政府有关各方给予我们的大力支持，使我们得以实现这一里程碑。祖马总统和尊敬的部长们在这里的出席表明了非洲经委会和全国民主联盟对南非共和国的重要性。感谢您的光临和支持。新开发银行将努力满足您对它的期望。非洲区域中心将是新开发银行在非洲的面孔。它将从项目的确定和准备开始，逐步承担银行越来越多的工作。

到目前为止，首先我想和大家分享一下新开发银行进展到目前的一些基本情况。该行于 2015 年 7 月开始营业。两年来，新开发银行在所有职能领域都奠定了基础，我们也开始在此基础上再接再厉。在包括南非在内的所有成员国的支持下，我们制定了指导自己工作的政策、程序和步骤。

一、贷款

2016 年，新开发银行批准了 7 个项目，这些项目都是在可持续基础设施领域，总额略高于 15 亿美元。这包括在南非的一个可再生能源项目。2017 年，我们预计将批准贷款总额 25 亿至 30 亿美元，用于约 10 个项目。2018 年，我们预计将提出 15—20 个项目，涉及贷款总额约 40 亿美元，供董事会审议。我们的目标是在 2018 年底为大约 35 个项目提供约 80 亿美元的贷款。

2018 年，我们还计划开始我们的私营部门业务，并探索对购买力平价项目的投资。我们正在与南非当局密切合作，以确保我们能够支持一系列强有力的项目。正如我前面提到的，从现在起，我们预计非洲区域中心将在项目确定和准备方面发挥重要作用。

二、资金

新开发银行迄今已收到 26 亿美元的总出资额，其中包括中国和俄罗斯的第三期预付款。我们预计到 2018 年 1 月将再收到 9 亿美元。准时甚至提前收到我们所有成员的出资，是对该机构的强烈信任，并向全球社会发出了关于我们创始人承诺的积极信号。我要感谢南非当局及时提供了这些资金。

三、筹集资金与国际信用评级

截至目前，该行通过发行人民币绿色债券，从中国金融市场筹集了约 4.5 亿美元的等值资金。我们计划从现在起到 2018 年底，通过发行本币债券以及发行硬通货债券，筹集20亿至25亿美元的额外资金。我们认为，南非市场为筹资提供了有吸引力的机会，在适当的时候，我们将与南非当局合作，探讨筹集资金的机会。根据这一筹资目标，新开发银行将在未来几个月内正式开始为获得国际信用评级而努力。

四、战略

2017年7月，银行的总体战略获得批准。该战略的目标是：到2021年，包括本币融资在内，贷款总额将达到320亿美元。这是一份灵活的文件，将随着世行自身的发展和新开行业务所处外部环境的发展而不断变化。

五、人员编制

迄今为止，银行的人员编制通过严格和透明的甄选程序，从其所有成员国聘用了100名工作人员，这些甄选程序涉及精英管理和两性平等原则。我们计划在今年年底前拥有约150名员工，在2018年底前拥有220名员工。

六、伙伴关系

新开发银行任务的一个要素是补充现有机构正在开展的工作。为此，新开行与许多全球、区域和国家机构签订了正式合作协议。这些伙伴关系使新开行能够在关键领域进行学习，并促进南方合作，支持我们成员之间的知识和专业知识转让。这些伙伴关系还帮助我们实现了在人员配备方面成为优质机构的目标。我们的目标是在机构内拥有关键的核心技能，同时通过伙伴关系和相互合作，利用其他机构的资源和相关知识，我们也将尽量减少工作的重复。

七、成员资格

新开发银行的另一项任务是在成员国的地域范围内开展工作，因此将银行业务扩大到其成员以外的国家将意味着扩大新开行的成员。2017 年 4 月，理事会朝着这一目标迈出了第一步，批准了接纳新成员入行的条款、条件和程序。这一进程的下一步将根据理事会的指导采取具体措施。

八、支持国家发展战略

新开发银行的任务是为基础设施和可持续发展提供资金。迄今为止，新开发银行的活动一直并将继续集中在这些领域。新开发银行的活动旨在有力地支持其成员在《21 世纪缔约方会议协定》和联合国可持续发展目标下的承诺和目标。

九、本币贷款

多边开发银行业务现已有 70 多年的历史。在这个行业，新开行是最年轻的机构，成立于 21 世纪。这给了我们从过去的经验中学习的优势，提出创新理念，并将其融入到我们的运营中。创新将是新开行的一个重点领域。新开行将创新和关注的一个领域就是向成员国提供本币贷款，目前这种情况发生的程度相当有限。我一生都是银行家，我坚信，降低外币融资固有的汇率风险，可以使基础设施项目的融资更加可持续。如果更多的项目面临较低的汇率风险，那么它们很可能成为可持续的和可融资的项目，向成员国借款的实际费用也将大大降低。新开行已开始在中国开展本币借贷进程。在符合支持此类活动的当地市场条件的情况下，我们希望审查在我们的其他成员，包括南非，进行类似的当地货币借贷的可行性。

总的来说，作为多边开发银行共同体的新成员，新开行已经有了一个强有力的开端。当然，我们有很多要学习，我们正在积极地这样做。我们相信我们也有新的想法要贡献。随着我们的成长，我们将继续扩大我们行动的规模和范围。我们相信，南非将成为新开行业务的重要国家，特别是伴随着我们在当地的非洲区域中心的足迹。

我现在想和大家分享一下我对非洲区域中心作用的一些见解。正如我前面提到的，非洲区域中心将是新开行在非洲的面孔。在组织上，非洲区域中心是银行业务不可忽视的一部分。它将由一名主任级别的人员领导，该主任为新开行中的最高级别工作人员。这证明了新开行给予非洲区域中心的重要性。

非洲区域中心最初的重点是确定和准备南非的项目。这将符合南非的国家发展计划，而且政府已通过该计划，将其作为该国未来经济和社会发展战略的蓝图。该计划的战略视野为该国提供了直至2030年的长期愿景，旨在确保所有南非人通过消除贫穷和减少不平等来达到体面的生活水平。新开行和非洲区域中心将致力于与政府合作实现这些目标。

与新开行特别相关的是国家基础设施发展计划，该计划是国家发展计划的一部分，它提出了一系列旨在改变南非经济格局的雄心勃勃和意义深远的倡议。我们预计，新开行支持的举措将成为政府确定的战略投资项目的一部分。

非洲区域中心将与政府、公共和私营部门机构以及南非的其他利益攸关方密切合作，确定哪些项目具有强大的发展影响力，将得到新开行的支持。它将在筹备这些项目方面发挥重要作用，以便为这些项目提供资金。自然而然地，非洲区域中心还将支持这些项目高效实施。

随着时间的推移，我相信期待非洲区域中心的活动在规模和范围上都将会不断扩大。例如，它可以在各国分享知识和发展经验方面发挥作用，它还可以在协调新开行与非洲大陆各机构的伙伴关系和合作方面发挥作用。当理事会批准扩大新开行在非洲其他国家的业务时，非洲区域中心也可以在启动和扩大新开行在这些国家的工作方面发挥主导作用。

我相信，通过非洲区域中心，今天的我们正在播种。随着新开行自身业务的发展，这颗种子也会萌发和生长，因为非洲区域中心将在新开行内部承担着越来越大的作用。

推荐书目

[1] Tony Binns, Rob Bowden, *South Africa*, Raintree Steck-Vaughn Publishers, 2002.

[2] Adekeye Adebajo, Jason Cook, *South Africa and the BRICS: Progress, Problems, and Prospects*, Centre for Conflict Resolution, 2014.

[3] 沐涛主编：《南非对外关系研究》，华东师范大学出版社2003年版。

[4] [南非] 海因·马雷等：《南非：变革的局限性》，社会科学文献出版社2003年版。

[5] 郑家馨：《南非史》，北京大学出版社2010年版。

［6］李放、卜凡鹏主编：《金砖国家崛起系列之五南非——“黄金之国”的崛起》，民主与建设出版社 2013 年版。

［7］方伟：《新南非对外关系研究》，浙江人民出版社 2014 年版。

［8］［南非］S. J. 泰列柏兰奇著，董志雄译：《迷失在转型中：1986 以来南非的求索之路》，民主与建设出版社 2015 年版。

［9］刘鸿武等：《中国—南非人文交流发展报告》，浙江人民出版社 2018 年版。

第七章　金砖国家与全球经济治理

导言：经济治理与政治博弈

全球化是当今世界最显著的特征之一，它既推动了各种经济要素的跨国界、跨区域流动，也使得整个国际社会在政治安全与社会文化领域更加紧密地联系在一起。相对于以往任何一个历史时期，国与国之间发生一荣俱荣、一损俱损的情况变得更加可能，也更为现实。在全球化持续深入推进的背景下，全球性问题层出不穷，给世界各国带来了共同且巨大的挑战，全球治理也因此应运而生。作为全球化最突出的表现，经济全球化一直以来都是世界各国关注的首要问题，并催生出各个层面和各种类型的经济治理体制和机制。迄今为止，虽然并非所有治理机构都由发达国家主导，但至少那些最重要的治理安排都体现出相当浓厚的西方色彩。如果说这在过去南北力量极端失衡的时代还属于一种正常现象的话，那么当下随着新兴市场国家和发展中国家的群体性崛起，这种不公正、不合理的治理结构就不得不做出必要的调整甚至是重大的变革。当然，围绕治理权力和权益的博弈并不会一蹴而就，发达经济体更不会轻易出让既得利益，新兴经济体促进全球经济善治依旧任重而道远。

第一节　全球经济治理概述

迄今为止，全球经济治理尚缺乏一个明确的定义，甚至在相当多的场合被视为全球治理的同义词。诚然，全球经济治理与全球治理密不可分，前者还是后者的主要构成与核心内容，但全球经济治理毕竟只是全球治理的一部分，它的重要性与首要性并不能替代其他领域和议题的治理。相反，只有在全球治理总框架下与其他治理进行呼应与协同，全球经济治理才能真正实现其有效性。

以全球治理作为参照物，全球经济治理的主要内涵包括如下几方面：

第一，全球经济治理缘起于二战后确立的布雷顿森林体系，当时的提法是全球经济合作和建立国际经济新秩序。自那以来，诸如国际货币基金组织（IMF）、世界银行（WB）、关贸总协定（GATT）等多边机构与机制相继成立，战后国际经济秩序开始步入制度化的形成期。20 世纪 70 年代中期，以七国集团（G7）的成立为标志，发达国家在国际经济体系中的优势地位得以进一步巩固和凸显，而发展中国家则呼吁改善其劣势处境以维护自身合法权益。2008 年，在美国次贷危机引发的全球金融风暴的冲击下，既有国际经济秩序的有效性与合法性均受到前所未有的质疑和挑战。经新兴经济体的推动和发达经济体的妥协，二十国集团（G20）应运而生。自此，全球经济治理的理念和术语被广泛提及，经济治理也被赋予了真正的全球意义。①

表 7—1 国际货币基金组织简介

历史缘起	1944 年 7 月在美国新罕布什尔州布雷顿森林召开的一次联合国会议上构想建立。参加此次会议的 44 个国家试图通过一个新的经济合作框架，避免再次出现曾经加剧 20 世纪 30 年代大萧条的竞争性货币贬值
最初宗旨	促进国际货币合作；促进国际贸易的扩大和平衡发展；促进汇率稳定；协助建立多边支付体系；向面临国际收支困难的成员国提供资金（在具有充分保障的前提下）
监督机制	基金组织向成员国提供建议，鼓励有利于促进经济稳定、减少对经济和金融危机脆弱性以及提高生活水平的政策。它通过《世界经济展望》定期提供其对全球前景的评估，通过《全球金融稳定报告》定期提供其对金融市场的评估，通过《财政监测报告》提供其对公共财政发展的评估，还出版一系列地区经济展望
资金援助	基金组织的主要资金来源是成员国的份额，份额大致反映成员国在世界经济中的相对地位。基金组织的融资为成员国纠正国际收支问题提供了喘息空间。通过与基金组织密切合作，成员国当局就基金组织支持的贷款制定调整规划。是否继续提供贷款支持取决于成员国能否有效实施这些规划
能力建设	基金组织提供能力建设和培训，其目的是帮助成员国增强其设计和有效实施政策的能力，包括在税收政策和征管、支出管理、货币和汇率政策、银行和金融体系监管、立法框架和统计等领域

① 徐秀军、沈铭辉、任琳：《全球经济治理：旧秩序 VS 新规则》，《世界知识》2014 年第 17 期，第 16 页。

续表

治理结构	基金组织对成员国政府负责。其组织结构的最高层次是理事会，由每个成员国的一位理事和一位副理事组成，通常来自中央银行或财政部。理事会每年在基金组织/世界银行年会之际开会一次。国际货币与金融委员会由24位理事组成，通常每年举行两次会议。基金组织的日常工作由代表全体成员国的24位成员组成的执董会执行，其工作受国际货币与金融委员会指导。总裁是基金组织工作人员的首脑并担任执董会主席，由四位副总裁协助

资料来源：国际货币基金组织官网，https：//www. imf. org/zh/About/Factsheets/IMF-at-a-Glance。

表7—2　世界银行简介

发展历程	最早称国际复兴开发银行，成立于1944年，后来扩大为五个密切相关的开发机构组成的集团。起初，世行贷款帮助在二战中遭受严重破坏的国家进行战后重建。之后，世行的关注点从战后重建转向发展，重点放在大坝、电网、灌溉体系、道路等基础设施建设上。如今，世行集团的工作涉及几乎所有对发展中国家反贫困、促增长和确保持续提高人民生活质量具有重要意义的行业
五大机构	国际复兴开发银行——向中等收入国家政府和信誉良好的低收入国家政府提供贷款
	国际开发协会——向最贫困国家的政府提供无息贷款和赠款
	国际金融公司——通过投融资、动员国际金融市场资金以及为企业和政府提供咨询服务，帮助发展中国家实现可持续增长
	多边投资担保机构——促进发展中国家的外国直接投资，以支持经济增长、减少贫困和改善人民生活，并通过向投资者和贷款方提供政治风险担保履行使命
	国际投资争端解决中心——提供针对国际投资争端的调解和仲裁机制

续表

运行机制	世界银行由189个成员国构成，其集体代表为理事会。理事一般为成员国的财政部长或发展部长。他们将具体职责委任给25名执行董事。其中，5个最大的股东国均委派一名执行董事，其他成员国则由20名当选的执行董事代表。执行董事构成执董会，对世行业务进行监督，并选出行长，任期五年，可连任。行长主持执董会会议并负责世行总体管理工作

资料来源：世界银行官网，http：//www. shihang. org/zh/about。

表7—3　世界贸易组织简介

机制沿革	其前身为1947年签订的关税与贸易总协定。1986年关贸总协定乌拉圭回合谈判启动后，关于成立世贸组织的议案被正式提出，并于1994年在摩洛哥马拉喀什举行的关贸总协定部长级会议上得以通过。1995年1月1日，世贸组织正式成立
组织宗旨	为贸易谈判提供论坛，以减少国际贸易障碍，确保人人享有公平的竞争环境，从而促进经济增长与发展，同时还为执行和监测各种贸易协定以及解决这些协定因解释和适用引起的争端提供法律和制度框架
运作模式	世贸组织的决定通常由全体成员国协商一致做出。最高机构为部长级会议，大约每两年举行一次。总理事会在每次部长级会议的间隔期内负责处理该组织事务。另由所有成员组成的专门附属机构（理事会、委员会、小组委员会）管理和监测各种世贸组织协定的成员执行情况
指导原则	追求开放边界，保证成员之间的最惠国原则和不歧视待遇，并承诺使其活动具有透明度。在国内市场向国际贸易开放的过程中，允许有正当理由的例外或足够的灵活性。与此同时，市场开放必须辅以正确的国内和国际政策，从而有助于符合每个成员需求和愿望的经济增长与发展

续表

主要活动	通过谈判减少或消除贸易障碍，商定关于国际贸易行为的规则
	管理和监测世贸组织商定的关于货物贸易、服务贸易和与贸易有关的知识产权的规则的适用情况
	监测和审查成员的贸易政策，确保区域和双边贸易协定的透明度
	解决成员之间在解释和适用协定方面的争端
	培养发展中国家政府官员在国际贸易事务方面的能力
	协助大约 30 个非成员国加入世贸组织
	开展经济研究，收集和传播贸易数据，以支持世贸组织的其他主要活动
	向公众解释和普及世贸组织的使命和活动

资料来源：世界贸易组织官网，https：//www. wto. org/english/thewto_ e/whatis_ e/wto_ dg_ stat_ e. htm。

第二，全球经济治理的核心目标是促进经济发展，保障经济稳定。一方面，全球经济治理致力于通过适宜的治理理念和治理路径，调整和优化产业结构、科技结构、分配结构、消费结构，同时改善和提高经济配置效率等方式，推动世界经济长期可持续增长；另一方面，全球经济治理旨在通过政府间合作，防范和应对各类经济与金融风险，减少和减轻经济与金融危机带来的负面影响，从而维护经济秩序的稳定，确保世界经济健康发展。①

第三，全球经济治理在主体上更强调主权国家的首要地位和独特作用，主要通过政府间合作而不是仅仅依靠非国家行为体进行治理。这既是由全球经济治理所具有的管理与调节功能的性质所决定的，也取决于全球公民社会和跨国公司在作用成效和公益属性方面的短板。

① 黄薇：《全球经济治理：核心问题与治理进展》，《国际经济合作》2016 年第 1 期，第 20—21 页。

从这个意义上讲，全球治理所强调的“没有政府的治理”并不是绝对的。国家与政府的角色定位和作用方式固然发生了一些变化，但在某些具体治理议程和事务中仍然具有明显的不可替代性。[①]

第四，全球经济治理的主要内容包括：全球宏观经济治理，即推动各国就财政政策、货币政策、汇率政策进行协调，最大程度减少经济波动，预防危机发生，促进经济稳定发展；全球金融治理，即推动各国在金融市场和金融机构监管问题上的合作，防范金融风险的出现，处置金融风险的后果；全球贸易治理，即推动多边贸易体制发展，促进贸易自由化，反对贸易保护主义，调解世界贸易纠纷。[②]

尽管关于全球经济治理的制度建设一直在推进，各种制度安排也分别在各个议题领域发挥了重要的作用，但是既有的治理制度因为在很大程度上反映的是西方发达国家的权力意志，尤其是美国基于自身霸权利益的制度设计，所以其公正性、民主性和灵活性较为缺失，当然这也成为促使全球经济治理制度变迁的内部推力。与此同时，受到美国相对实力衰落、非零和博弈常态化，以及合作机制碎片化的影响，全球经济治理制度变迁被正式提上了国际社会的议事日程。[③] 在此背景下，国际货币基金组织和世界银行纷纷启动了关于份额与投票权的改革进程，世界贸易组织的系统性改革也开始进入相关程序。

---

① 陈伟光：《全球治理与全球经济治理：若干问题的思考》，《教学与研究》2014年第2期，第56页。

② 陈伟光：《全球治理与全球经济治理：若干问题的思考》，《教学与研究》2014年第2期，第57页。

③ 邓若冰、吴福象：《全球经济治理制度变迁与演进路径》，《河北学刊》2016年第1期，第111—112页。

表7—4　七国集团简介

G7由加拿大、法国、德国、意大利、日本、英国和美国组成。这些国家是国际货币基金组织认定的世界上7个最大的发达经济体，占全球净财富的58%，占按名义值计算的全球国内生产总值的46%以上，占按购买力平价计算的全球国内生产总值的32%以上。欧洲联盟也派代表出席七国集团首脑会议。20世纪90年代，应英国首相布莱尔和美国总统克林顿的邀请，俄罗斯总统叶利钦首先作为客座观察员出席，直到1997年受邀参加下一届会议，并于1998年正式加入该集团，从而标志着八国集团的诞生。事实上，与其他成员相比，俄罗斯的国家财富和金融净值是有限的，俄罗斯也从未成为IMF眼中的主要发达经济体。后因乌克兰危机与克里米亚问题，俄罗斯于2014年3月被西方国家逐出八国集团

资料来源：维基百科，https：//en. wikipedia. org/wiki/Group_ of_ Seven#History。

表7—5　二十国集团简介

G20由七国集团财长会议于1999年倡议成立，最初为财长和央行行长会议机制，2008年国际金融危机后，升格为领导人峰会。2009年9月举行的匹兹堡峰会将G20确定为国际经济合作的主要论坛。其成员由中国、阿根廷、澳大利亚、巴西、加拿大、法国、德国、印度、印度尼西亚、意大利、日本、韩国、墨西哥、俄罗斯、沙特阿拉伯、南非、土耳其、英国、美国以及欧盟等二十方组成，涵盖面广，代表性强，兼顾了发达国家和发展中国家以及不同地域利益平衡。该集团成员所拥有的人口占全球2/3，国土面积占全球60%，国内生产总值占全球90%，贸易额占全球75%。G20峰会采用协调人和财金渠道双轨筹备机制，按照协商一致原则运作，目前无常设机构。截至2018年，已举行过13次峰会，主要讨论全球重大经济金融热点问题，为推动世界经济复苏及国际金融体系改革做出了重要贡献。每次G20峰会前不定期举行协调人会议及财长和央行行长会，以及贸易、劳工就业、农业、能源、数字经济、卫生等专业部长会议

资料来源：中华人民共和国外交部官网，https：//www. fmprc. gov. cn/web/gjhdq_ 676201/gjhdqzz_ 681964/ershiguojituan_ 682134/jbqk_ 682136/。

事实上，由于上述三大机构成员数量过多，立场磋商和利益协调难度过大，相关改革要么未能触及根本，要么成效并不显著，其发展前景还有待进一步观察。但相对而言，曾一度作为全球经济治理中心的 G7 向 G20 的让位则是全球经济治理最为典型的制度变迁。从 GDP 规模来看，G7 经济总量占全球的比重从 1992 年的 51.14% 下降到 2014 年的 36.66%；从经济增速来看，1992—1999 年，G7 平均增速从 1.54% 上升到 2.74%。2001—2007 年，从 1.49% 上升至 2.38%。2009—2013 年，仅从 -4.29% 恢复到 0.86%；从贸易规模来看，1992—2013 年，G7 进口额的世界占比从 50.6% 降为 35.1%，出口额从 57.1% 下降至 31.1%。这些都给 G7 出让治理权力造成了压力，也为新兴经济体制度化参与全球经济治理奠定了基础。当然，发达国家之所以接受 G20 成为全球经济治理最重要的平台，也是因为发达国家不仅没有被排除在外，而且仍然在相当程度上维持了获取足够收益的主导性权力。①

第二节 金砖国家全球经济治理主张②

一、宏观经济治理

金砖国家认为，尽管受到 2008 年以来金融危机的冲击和影响，

---

① 邓若冰、吴福象：《全球经济治理制度变迁与演进路径》，《河北学刊》2016 年第 1 期，第 113—114 页。

② 参见历次金砖国家领导人峰会宣言。

然而世界经济企稳复苏的势头已逐步显现。其中，新兴市场国家和发展中国家作为世界经济繁荣的引擎，在促进世界经济增长方面发挥了重要而积极的作用。但需要注意的是，世界经济复苏的基础并不稳固，还存在诸多不确定因素，如欧元区国家的主权债务问题，发达国家央行为稳定国内经济而采取的扩张性政策，大宗商品价格波动，贸易低迷，私人和公共债务高企，经济增长缺乏平等性和包容性，以及地缘冲突、恐怖主义、难民问题等。对此，金砖国家呼吁各国在宏观经济领域加强合作，巩固世界经济复苏态势，实现强劲、可持续与均衡增长。

在金砖国家看来，要想实现上述目标，就必须保持主要储备货币汇率相对稳定和财政政策的可持续性，具体包括：对经济活动发生地辖区进行征税，并在打击税基侵蚀和税收情报交换全球论坛中加强合作，努力建立公平、现代化的全球税收体系，营造更加公正高效的国际税收环境；充分发挥国有企业和中小企业在创造就业和财富中的重要作用；加快结构性改革，支持通过技术转移转化、科技园区和企业合作以及研究人员、企业家、专业人士和学生流动等方式加强创新创业合作；加强多边开发银行对基础设施建设的资金供给，促进对基础设施的公共和私人投资；加强对发展中国家的技术培训和转让等。

金砖国家指出，支撑现行全球治理架构的有关国际机构是在当年国际版图面临非常不同的挑战和机遇的情况下缔造的。但在全球经济重塑的背景下，金砖国家将致力于通过加强各自与共同的经济力量，探索实现更公平的发展、更具包容性增长的新模式和新方式。为此，金砖国家支持二十国集团作为国际经济合作的主要论坛，在全球经济治理中发挥更大作用，特别是加强主要经济体相互之间的政策对话与协调，从而降低经济发展的潜在风险。除了发达经济体需要采取适当措施重建信心外，金砖国家也将通过制定和实施“金砖国家更紧密经济伙伴关系框架”和“金砖国家经济合作战略”，推进各自经济复苏，确保整体经济增长，从而为促进全球经济发展做出积极贡献。

二、全球金融治理

金融危机是金砖国家领导人首次会晤时的大背景，应对危机则是金砖国家首届领导人峰会讨论的核心议题。金砖国家认为，二十国集团在应对全球金融危机方面发挥了核心作用，呼吁所有国家和相关国际组织积极落实 G20 领导人金融峰会共识，确保峰会采取更多集体行动。金砖国家也将继续在 G20 框架下与其他成员密切合作，完善全球经济治理，加强国际金融架构。

金砖国家指出，国际金融危机暴露了现行国际货币和金融体系的缺陷和不足，因而有必要推动国际金融机构改革，使其体现世界经济形势的变化，从而建立一个更加稳定、更可预期、更加多元化的国际货币体系和一个经过改革、更加稳健的金融体系，进而使全球经济能够有效地预防和抵御未来可能出现的各种危机。金砖国家强调，在上述改革过程中，应提高新兴市场国家和发展中国家在国际金融机构中的发言权和代表性，而且国际金融机构负责人和高级领导层的选举也应遵循公开、透明、择优的原则。改革后的金融经济体系应体现的原则包括：国际金融机构的决策和执行过程应民主、透明；坚实的法律基础；各国监管机构和国际标准制定机构活动互不抵触；加强风险管理和监管实践。

具体而言，金砖国家认为，面对国际货币基金组织份额分配不合理、治理结构改革进展缓慢和世界银行合法性不足等问题，当前金融机构改革的首要目标是向新兴市场国家和发展中国家实质性转移投票权，使其在世界经济中的决策权与分量相匹配，特别是要采取措施保护 IMF 最贫穷成员国的发言权和代表性。为此，金砖国家致力于推动 IMF 完成第 15 轮份额总检查，包括形成一个新的份额公式，同时继续推动落实世界银行股权审议，呼吁 WB 重视资金动员，减少贷款成本，并采用新的贷款工具。

在金砖国家看来，近年来国际金融体系的不稳定打破了金融市场自我监管的神话。金砖国家在承诺加强国内监管的同时，也呼吁进一步加强国际金融监管，促进全球金融市场和银行体系的稳健发展。此外，金砖国家还致力于通过促进金融机构和金融服务网络化布局，便利金砖国家金融市场融合，并在遵循各国央行法定职能的前提下加强货币合作，探索更多合作方式。不仅如此，金砖国家还支持在金融行动特别工作组框架下加强相互交流和数据共享，打击非法资金流动，并落实和完善关于反洗钱、反恐怖融资和反扩散融资的国际标准。

另外，鉴于个别国家对 IMF 份额改革方案的阻挠以及由此导致的 IMF 可信度、合法性与有效性的持续不足，同时也是为了给金砖国家以及其他新兴市场国家和发展中国家的基础设施和可持续发展项目筹集基金，金砖国家倡议成立了新开发银行（NDB）和应急准备安排（CRA）。其中，作为全球发展领域的多边和区域性金融机构的补充，NDB 将本着稳健的银行业经营原则，深化金砖国家间合作，为实现强劲、可持续和平衡增长的共同目标做出贡献。而 CRA 机制则旨在通过货币互换提供流动性以应对实际及潜在的短期收支失衡压力，从而促进金砖国家进一步合作，加强全球金融安全网，并对现有国际机制进行补充。

三、全球贸易治理

金砖国家指出，国际贸易对全球经济复苏具有重要作用。国际社会应共同努力改善国际贸易环境，保持多边贸易体系稳定，遏制贸易保护主义。就此而言，作为多边贸易体制的世界贸易组织在维护开放、稳定、公平、非歧视性的国际贸易环境方面发挥着不可替代的作用。金砖国家支持 WTO 在多边贸易体制中的核心地位和中心作用，但也意识到多边贸易体制面临着前所未有的挑战。金砖国家呼吁所有成员遵守 WTO 规则，信守在多边贸易体制中的承诺，建设开放型世界经济，让所有国家和民众都能分享经济全球化的益处。

此外，金砖国家十分关心 WTO 上诉机构成员遴选进程出现的僵局，敦促所有成员将此作为优先事项，以建设性姿态携手解决这一问题，从而避免 WTO 争端解决机制陷入瘫痪，进而有损国际贸易的安全性与可预见性。与此同时，金砖国家也认为有必要维护 WTO 的谈判功能，进一步完善新型多边贸易体制的法律框架，尤其是要考虑到发展中成员的关切和利益，并主张下任总干事应是来自发展中国家的代表，以此进一步增强 WTO 的可信度与合法性。另外，金砖国家注意到双边、区域和诸边贸易协定的重要性，但鼓励谈判各方遵守透明、包容原则，与 WTO 规则兼容，避免引入排他性和歧视性的条款和标准，从而确保有关谈判为强化多边贸易体制做出贡献。

就当下优先且紧迫的议程而言，金砖国家主张在尊重授权、锁定包括谈判模式在内已有成果的基础上推动多哈回合早日取得全面、均衡的结果。为此，金砖国家强调 WTO 成员需共同努力，积极推进多哈回合剩余议题的谈判，确保相关新建议和新方式能够加强多哈回合的核心原则与发展授权，从而实现“发展回合”的目标。与此同时，金砖国家还呼吁联合国贸易和发展会议通过落实技术合作项目，为与发展问题有关的贸易政策对话、研究和能力建设创造便利条件。

第三节　金砖国家全球经济治理实践

一、参与改革全球多边治理机制

长期以来，国际金融体系主要由发达国家把控，具体表现为：一方面，美国、日本、德国、法国和英国等发达经济体的投票权在 IMF 中占据了绝对优势，五个大国控制了 38.37% 的投票权，特别是美国单独就拥有了 16.77%；另一方面，上述五国在 WB 中的投票权也达到了 34.19%，而美国一家即拥有 15.85%。这不仅使美国在两大治理机构需要 85% 票决的重大决议问题上享有了实质性的一票否决权，而且使得发达经济体在诸多重要国际金融议程上掌握了事实上的话语权和决定权。然而，2008 年的国际金融危机对 G7 主导下的国际金融体系的合法性、权威性和行动能力等方面都提出了严重质疑。[①] 同时，随着以金砖国家为代表的新兴经济体的群体性崛起，发达经济体决定同新兴经济体在 G20 框架下加强合作，努力恢复全球经济增长，实现国际金融体系的必要改革。

2008 年 11 月 15 日，G20 首次领导人峰会在华盛顿举行。会后发布的《华盛顿宣言》指出，各方承诺推进布雷顿森林机构改革，以便其能够在全球经济中更加充分地反映不断变化的经济权数，尤其是要增加新兴市场国家和发展中国家，包括最贫穷国家的话语权和代表权。2009 年 9 月 25 日，G20 领导人在匹兹堡峰会上再次承诺以现有份额公式为基础，将 IMF 的份额从高估国向低估国至少转移 5%，同时强调世界银行也应采用主要反映各国经济权重变化和世行发展使命的动态公式，为发展中国家和转轨国家增加至少 3% 的投票权。2010 年 11 月 11—12 日，G20 首尔峰会正式确认了财长和央行行长庆州会议就 IMF 份额与投票权改革达成的一揽子协议，决定将 IMF 份额向新兴市场国家和发展中国家以及其他份额低估国转移 6% 以上，同时减少 2 个欧洲执行董事席位，并探讨为所有多国选区增设第二副执董的可能性。

上述改革方案总体上符合金砖国家的基本预期，也是金砖国家自首届峰会以来关于国际金融机构改革的诉求得以落实的重要表现。2010 年以前，金砖四国在 IMF 中的份额加在一起不超过 10%，其中，中国 3.72%、俄罗斯 2.73%、印度 1.91、巴西 1.4%，[②] 但在

---

① 李鞍钢、刘长敏：《金砖国家推动的国际金融体系改革及其权力结构取向——基于现实建构主义的分析》，《太平洋学报》2015 年第 3 期，第 79—80 页。

② 谢世清：《国际货币基金组织份额与投票权改革》，《国际经济评论》2011 年第 2 期，第 122 页。

2012 年，金砖国家的份额与投票权就分别增加到 11.5% 和 11%。预计在 2010 年改革方案完全实现后，上述两项比重还将继续提升至 14.8% 和 14.1%。[①]

表 7—6　金砖国家在 IMF 中的份额（截至 2018 年 7 月）

国家	份额（%）
巴西	2.315
俄罗斯	2.705
印度	2.749
中国	6.390
南非	0.640
金砖国家（总计）	14.799

资料来源：国际货币基金组织官网，https://www.imf.org/external/np/fin/quotas/pubs/。

世界银行投票权改革的总体思路与 IMF 的情况类似。根据 2010 年 WB 投票权转移方案，金砖国家在国际复兴开放银行（IBRD）中的投票权将从之前的 11.26% 提升至 13.1%，而在国际金融公司（IFC）中的投票权则将由 10.1% 提高到 14.14%。[②] 如果这些方案能够顺利实施，那么将为金砖国家在全球经济治理中奠定新的地位，也将为建立国际经济新秩序提供更加有力的基础和有利的条件。但事实证明，发达经济体不会轻易出让实质性的既得利益，

① 徐秀军：《新兴经济体与全球经济治理结构转型》，《世界经济与政治》2012 年第 10 期，第 70 页。

② 徐秀军：《新兴经济体与全球经济治理结构转型》，《世界经济与政治》2012 年第 10 期，第 71—72 页。

改革进程缓慢甚至是受阻已经是意料之中的事情，这也给以金砖国家为代表的新兴经济体推动国际金融治理改革增添了更多变数。

表7—7　金砖国家在IBRD和IFC中的投票权（截至2019年2月）

国家	IBRD（%）	IFC（%）
巴西	2.25	2.08
俄罗斯	2.79	3.82
印度	2.93	3.82
中国	4.45	2.30
南非	0.77	0.67
金砖国家（总计）	13.19	12.69

资料来源：世界银行官网，http：//www.worldbank.org/en/about/leadership/votingpowers。

另外，自WTO争端解决机制（DSM）成立以来，金砖国家就积极参与了各类诉讼案件。截至2015年，涉及金砖国家的相关案例就达到304起，占案件总数的60.68%。相关数据表明，从2009年开始，金砖国家在WTO争端解决机制中的互动频率从此前的33.87%上升到57.54%，并于2014年达到85.71%。尽管在有关农产品、市场准入、补贴、反倾销、政府强制等问题上，金砖国家明显呈现出合作的状态和趋势，但金砖国家相互之间发生对立和冲突的情况也不时存在。事实上，金砖五国相互之间的共同合作在WTO中还未完全展开，这并不利于金砖国家的整体利益和多边贸易体制的改革。因此，金砖国家有必要吸取单个成员及其他新兴经济体的成功经验，并通过探索创造性的解决办法，全方位提升 WTO 争端解决机制中的金砖合作。①

二、主导创建跨区域多边治理机制

鉴于全球多边金融机构改革进程持续受阻，金砖国家从 2012 年开始探讨建立一个新的开发银行的可能性，以便为金砖国家和其他发展中国家的基础设施和可持续发展项目筹集资金，并将其作为对现有多边和区域金融机构的补充。与此同时，金砖国家还探讨了关于成立应急储备安排，建设金融安全网的相关事宜。2013 年，金砖国家领导人在财长和央行行长报告的基础上，同意创建一个拥有充足资本的新开发银行并建立一个初始规模为 1000 亿美元的应急储备安排，以便有效开展基础设施融资，应对短期流动性压力，更好地维护金融稳定。2014 年，金砖国家正式签署了成立金砖国家开发银行的协议，规定该银行的法定资本为 1000 亿美元，初始认缴 500 亿美元，由创始成员国平等出资。同时签署的还包括应急储备安排协议。

2015 年 7 月 21 日，金砖国家新开发银行正式开业。2017 年 8 月 17 日，金砖国家新开发银行非洲区域中心在南非约翰内斯堡正式成立。2018 年 7 月 26 日，金砖国家新开发银行又与巴西政府签订协议，将该行的美洲区域中心设在圣保罗州。与新开行各创始成员均

① 参见［摩尔多瓦］Alexandr Svetlicinii、张娟娟：《金砖国家参与 WTO 争端解决机制研究》，《南亚研究》2017 年第 1 期，第 26—39 页。

等的出资额与投票权不同，在金砖国家应急储备安排中，金砖各国承诺的资金额度分别为：中国占410亿美元，俄罗斯、巴西、印度各占180亿美元，南非占50亿美元，其对应的投票权分别是：中国占39.95%，俄罗斯、巴西、印度各占18.10%，南非占5.75%。虽然CRA成员之间的份额与投票权差异较大，但是CRA更多是以共识而非投票的方式进行决议，加上其常委会构成更具代表性，其资金流动也更加灵活，因而体现出相对于IMF的诸多优越性。①

尽管与现有的国际多边开发机构相比，金砖国家新开发银行也具备一些新的特点，比如它是世界经济新格局的产物，是重塑全球金融治理体系的新动力，有助于开启南南合作的新时代，有助于推广开发性金融的新模式，但是新开行所面临的挑战也必须加以防范，包括金砖合作基础尚不牢固，各方在政治经济领域的分歧与矛盾仍旧可能对金融合作形成负面冲击；平权决策模式在彰显公平的同时，也存在可能部分损失效率的不足；成员国信用评级相对较低，融资成本较高，且投资项目存在周期长、外因影响大、未来现金流不确定等风险。② 但事实证明，金砖国家新开发银行自正式运作以来取得了显著的成绩，并先后被国际评级机构标准普尔和惠誉评为"AA+"级。这既是国际社会对新开行的广泛认可，也预示着新开行将迎来一个更加光明的未来。

---

① 张嘉明：《国际货币基金组织改革与金砖国家应急储备安排》，《理论探讨》2014年第6期，第104页。

② 参见潘庆中、李稻葵、冯明：《"新开发银行"新在何处——金砖国家开发银行成立的背景、意义与挑战》，《国际经济评论》2015年第2期，第135—147页。

表 7—8　金砖国家新开发银行批准贷款项目

项目名称	批准时间	贷款金额	借款国家	目标行业
孟买地铁项目	2018 年 11 月 16 日	2.6 亿美元	印度	交通运输
江西天然气运输系统开发项目	2018 年 11 月 16 日	4 亿美元	中国	可再生能源
呼和浩特新机场项目	2018 年 11 月 16 日	42 亿人民币	中国	交通运输
广东粤电阳江沙坝海上风电项目	2018 年 11 月 16 日	20 亿人民币	中国	可再生能源
与 ZapSibNefteKhim 项目相关的可持续基础设施	2018 年 9 月 18 日	3 亿美元	俄罗斯	可持续基建
中央邦主要地区公路二期项目	2018 年 9 月 18 日	3.5 亿美元	印度	交通运输
中央邦地区桥梁建设项目	2018 年 9 月 18 日	1.75 亿美元	印度	交通运输
环保项目	2018 年 5 月 28 日	2 亿美元	巴西	可持续基建
温室气体减排和能源部门发展项目	不详	3 亿美元	南非	清洁能源 可持续发展
洛阳地铁项目	不详	3 亿美元	中国	交通运输
比哈尔乡村道路项目	2018 年 5 月 28 日	3.5 亿美元	印度	交通运输
重庆小城市可持续发展项目	2018 年 5 月 28 日	3 亿美元	中国	城市基础设施 可持续基建
马拉尼昂走廊--南北一体化项目	2018 年 5 月 28 日	7100 万美元	巴西	交通运输
帕拉可持续城市项目	2018 年 5 月 28 日	5000 万美元	巴西	城市发展 可持续基建

续表

项目名称	批准时间	贷款金额	借款国家	目标行业
德班集装箱码头泊位改造项目	2018 年 5 月 28 日	2 亿美元	南非	交通运输
小历史城市发展项目	2018 年 5 月 28 日	2.2 亿美元	俄罗斯	社会基础设施
伏尔加项目	2018 年 5 月 28 日	3.2 亿美元	俄罗斯	供水和卫生可持续发展
乌法东部出口项目	2017 年 11 月 20 日	6880 万美元	俄罗斯	交通运输
拉贾斯坦邦水行业重组项目	2017 年 11 月 20 日	3.45 亿美元	印度	灌溉、农业
司法系统支持项目	2017 年 8 月 30 日	4.6 亿美元	俄罗斯	可持续发展
中央邦地区多村供水项目	2017 年 8 月 30 日	4.7 亿美元	印度	可持续发展
江西工业低碳重组与绿色发展试点项目	2017 年 8 月 30 日	2 亿美元	中国	可持续发展
湖南生态开发项目	2017 年 8 月 30 日	20 亿人民币	中国	可持续发展
可再生能源项目和相关传输的融资	2017 年 4 月 26 日	3 亿美元	巴西	可再生能源
莆田平海湾海上风电项目	2016 年 11 月 22 日	20 亿人民币	中国	可再生能源
中央邦地区主要道路工程	2016 年 11 月 22 日	3.5 亿美元	印度	可再生能源
为 Nord Hydro Bely Porog 提供来自欧亚开发银行和国际投资银行的两笔贷款	2016 年 7 月 16 日	1 亿美元	俄罗斯	可再生能源

续表

项目名称	批准时间	贷款金额	借款国家	目标行业
艾斯康电力公司的项目融资机制	2016年4月13日	1.8亿美元	南非	可再生能源
临港分布式太阳能发电项目	2016年4月13日	5.25亿人民币	中国	可再生能源
Canara可再生能源融资计划	2016年4月13日	2.5亿美元	印度	可再生能源

资料来源：金砖国家新开发银行官网，https：//www.ndb.int/projects/list-of-all-projects/。

附录

附录1　关于新开发银行的协定（摘编）

巴西联邦共和国、俄罗斯联邦、印度共和国、中华人民共和国和南非共和国政府，考虑到金砖国家加强经济合作的重要意义；认识到为推动金砖国家及其他新兴经济体和发展中国家的基础设施建设和可持续发展项目提供资源的重要性；相信有必要为实现上述宗旨而建立一个新的国际金融机构以协调资源；愿在尊重全球环境的情况下为建设有利于经济和社会发展的国际金融体系做出贡献，谨此达成协定如下：

第一章　成立、宗旨、职能和总部

第1条　成立

按照本协定建立的新开发银行（以下简称“银行”）应根据下列条款经营业务。

第2条　宗旨

银行的宗旨是为金砖国家及其他新兴经济体和发展中国家的基础设施建设和可持续发展项目动员资源，作为现有多边和区域金融机构的补充，促进全球增长与发展。

第3条　职能

为履行其宗旨，银行有权行使下列职能：

（i）利用其支配的资源，通过提供贷款、担保、股权投资以及其他金融工具，支持金砖国家及其他新兴经济体和发展中国家的公共或私人部门的基础设施建设和可持续发展项目；

（ii）在银行认为合适的情况下，在其职能范围内与国际组织以及国内的公共或私人实体，特别是国际金融机构和国家开发银行，进行合作；

（iii）为银行支持的基础设施建设和可持续发展项目的准备和实施提供技术援助；

（iv）支持涉及一个以上国家参与的基础设施和可持续发展项目；

（v）设立或受委托管理符合银行宗旨的特别基金。

第4条　总部

a）银行总部位于上海市。

b）银行可为履行其职能设立必要的办公机构。首个区域办公室设在约翰内斯堡。

第二章　成员、投票、资本和股份

第5条　成员

a）银行的创始成员为巴西联邦共和国、俄罗斯联邦、印度共和国、中华人民共和国和南非共和国。

b）银行的成员资格应向联合国成员开放，其加入的时间和条件应由银行理事会以特别多数确定。

c）银行成员资格应向借款成员和非借款成员开放。

d）银行可以根据理事会的决定，接受国际金融机构作为理事会会议观察员。有意成为银行成员的国家也可应邀以观察员身份出席上述会议。

第6条　投票

a）各成员的投票权应等于其在银行股本中的认缴股份。如果任何成员未能履行本协定第7条规定的实缴股本缴付义务，则该成员在未缴付期间内，不得行使其在银行认缴的实缴股本总额中应付但未付部分金额所对应的投票权。

b）除本协定另有规定外，银行的所有事务均应以简单多数同意方式投票决定。本协定中规定的“有效多数”为成员总投票权的三分之二赞成票。本协定中规定的“特别多数”为创始成员中的四名成员赞成且占成员总投票权的三分之二赞成票。

c）理事会投票时，每名理事有权按照其所代表成员的全部票数投票。

d）董事会投票时，每名董事有权按其当选时所代表的全部票数投票，每名董事可投的票数可不作为一个单位投票。

第7条　法定资本和认缴资本

a）银行的初始法定资本总额为一千亿美元。本协定所指美元均为美利坚合众国的官方支付货币。

b）银行的初始法定资本分为一百万股，每股面值为十万美元，并只能由成员根据本协定的规定进行认购。一国加入成员时认购的最小数量应为1（一）股。

c）银行的初始认缴资本应为五百亿美元。认缴资本应分为实缴股本和待缴股本。实缴股本的总面值应为一百亿美元，待缴股本的总面值应为四百亿美元。

d）提高银行法定资本和认缴资本规模，以及调整实缴股本和待缴股本的比例可由理事会在其认为适当的时间和条件下以特别多数的方式做出决定。在该情形下，根据第8条规定的条件以及理事会决定的其他条件，每个成员均应享有合理的认购机会。但是，任何成员均无必须认购新增股本的任何义务。

e）理事会应每隔不超过五年对银行股本进行审查。

第三章　组织与管理

第10条　机构

银行应设一个理事会、一个董事会、一名行长和由理事会决定的数名副行长以及其他所需要的官员和职员。

第11条　理事会：组成和职权

a）银行一切权力归理事会。理事会由每个成员按其自行决定的方式任命的一名理事和一名副理事组成。理事应为部长级，并可由任命国自行决定替换。除非理事缺席，否则副理事无权投票。理事会应每年选择一名理事担任理事会主席。

第12条　董事会

a）董事会负责银行的一般业务经营。为此，应行使理事会所授予的一切权力，特别是：

（i）根据理事会的总方针，就银行的业务战略、国家战略、贷款、担保、股权投资、借款、制定基本业务流程和收费、提供技术援助以及银行的其他业务做出决定；

（ii）将银行的财务年度账目在年会期间提交理事会批准；

（iii）批准银行的预算。

第13条　行长和职员

a）理事会应从创始成员国中轮流选举产生行长，且不得为理事、董事或副理事、副董事。行长应担任董事会成员，但除在董事会双方票数相等时投出决定票外，行长没有投票权。行长可参加理事会会议，但没有投票权。在不影响下文第（d）款规定职能的前提下，应根据理事会以特别多数方式做出的决定终止行长任职。

第四章　经营

第29条　法律地位

a）银行应具有完全的国际人格。

b）在各成员境内，银行均具有完全的法律人格，特别是具有从事下列行为的完整资格：

（i）签订合同；

（ii）取得和处置动产和不动产；

（iii）提起诉讼。

第七章　成员的退出和资格中止，银行业务的暂停和终止

第37条　退出

a）任何成员均可以书面方式通知银行总部退出银行。成员的退出从通知上指明的日期起最终生效，其成员资格也从该日期起停止。但这一日期必须在通知交付银行起至少六个月之后。在退出最终生效之前，成员可随时以书面方式通知银行，撤销原来打算退出的通知。

第38条　成员资格的中止

a）成员如不履行其对银行的义务，则银行可由理事会以特别多数方式决定中止其成员资格。

b）自中止之日起，该成员将一年后自动停止银行成员资格，除非理事会同样以特别多数方式决定解除该中止。

c）在中止期间内，成员除有权退出外，无权行使本协定规定的任何权利，但应继续承担其全部义务。

附录2　金砖国家经济伙伴关系战略（摘译）

序言

金砖国家是成员国（巴西、俄罗斯、印度、中国和南非）之间的对话与合作平台，这些国家共占全球土地的30%、全球人口的43%和世界国内生产总值的21%、全球商品贸易的17.3%、全球商业服务的12.7%和世界农业生产的45%。该纲领旨在促进多极、相互联系和全球化世界的和平、安全、繁荣与发展。金砖国家代表着亚洲、非洲、欧洲和拉丁美洲，这使它们的合作具有了跨大陆的性

质，具有特别的价值和意义。

在全球经济中，金砖国家在总产量、接受投资资本和扩大潜在消费市场方面发挥着至关重要的作用。金砖国家一直被广泛视为全球经济复苏的引擎，这凸显出这些经济体在世界经济中不断变化的角色。在 G20 会议上，金砖国家影响了金融危机后的宏观经济政策制定。

在三亚、德里、德班和福塔莱萨举行的峰会上，金砖国家领导人同意建立伙伴关系，以寻求加强稳定、增长和发展。有鉴于此，金砖国家应开展务实的经济合作，建立更紧密的经济伙伴关系，以促进全球经济复苏，降低国际金融市场的潜在风险，促进成员间经济增长。

与国际和区域经济组织及论坛的互动

金砖国家在各种国际和区域平台上开展的内部合作，对于促进国际贸易、投资、工业、科技合作的共同利益至关重要。金砖国家将致力于通过现有机制就对全球宏观经济形势和贸易政策的评估展开交流，协调其在国际和区域组织、协会与论坛中的立场，以及发展外联互动模式，从而进一步加强其在全球舞台上的作用。多边机构和组织的合作将对金砖国家之间的双边经济联系形成补充。

金砖国家将继续按照《联合国宪章》的基本原则，在联合国系统内以及与其他国际经济组织开展合作；金砖国家将继续推行全球经济治理机构改革，维护金砖国家以及其他新兴经济体和发展中经济体的利益；金砖国家参与区域组织的活动将加强它们的区域领导作用，促进在特定区域和跨区域合作中的发展与可持续增长。

金砖国家和世贸组织

金砖国家认识到国际贸易的重要性，认为国际贸易是创造新的就业机会、实现持续经济复苏以及平衡增长和发展的关键。金砖国家重申多边贸易体制在世界贸易管制中的价值、中心地位和优先性，致力于加强世贸组织所体现的以规则为基础、透明、不歧视、开放和包容性的多边贸易体制。

为此，金砖国家敦促其他国家抵制一切形式的贸易保护主义和对贸易的变相限制，同时支持世贸组织和其他国际组织的工作。

金砖国家将努力加强合作，为金砖国家参与全球贸易的扩大和多样化创造条件。它们强调需要在世贸组织内进行协调与合作，以制订后巴厘岛工作方案，并表示强烈支持结束多哈回合。

金砖国家和 G20

金砖国家致力于加强 G20 作为国际经济合作首要论坛的地位。它们将继续积极参与 G20 的工作，交换意见以进一步加强国际金融和经济架构，实现强劲、可持续、平衡和包容的增长。金砖国家将在 G20 主要活动之前继续协调和举行筹备会议。

推荐书目

[1] James N. Rosenau, eds., *Governance without Government: Order and Change in World Politics*, Cambridge: Cambridge University

Press, 1992.

［2］ Joseph S. Nye and John D. Donahue, eds., *Governance in a Globalizing World*, Washington D. C.: Brooking, 2000.

［3］ Thomas G. Weiss, *Global Governance: Why? What? Whither?* Cambridge: Polity Press, 2013.

［4］ John J. Kirton, George M. Von, *New Directions in Global Economic Governance: Managing Globalization in The Twenty-first Century*, Aldershot, Hants, England; Burlington, USA: Ashgate, 2001.

［5］ 庞中英：《全球治理与世界秩序》，北京大学出版社 2012 年版。

［6］ 朱立群、［意］富里奥·塞鲁蒂、卢静主编：《全球治理：挑战与趋势》，社会科学文献出版社 2014 年版。

［7］［加］柯顿，郭树勇等译：《二十国集团与全球治理》，上海人民出版社 2015 年版。

［8］ 李东燕等：《全球治理——行为体、机制与议题》，当代中国出版社 2015 年版。

［9］ 蔡拓、杨雪冬、吴志成：《全球治理概论》，北京大学出版社 2016 年版。

［10］ 卢静：《全球治理：困境与改革》，社会科学文献出版社 2016 年版。

［11］ 朱杰进主编：《金砖国家与全球经济治理》，上海人民出版社 2016 年版。

［12］ 孙溯源：《金砖国家与全球治理》，上海人民出版社 2016 年版。

［13］蔡拓：《全球学与全球治理》，北京大学出版社 2017 年版。

［14］［英］安德鲁·赫里尔，林曦译：《全球秩序与全球治理》，中国人民大学出版社 2018 年版。

第八章　金砖国家与全球安全治理

导言：传统安全与非传统安全

安全是每个国家最基本的需求之一，也是主权国家开展对外交往的重要目标。但受到国际社会无政府状态的结构性影响，安全对于国家尤其是中小国家而言往往又是十分稀缺的。尽管国际制度和集体认同能在某种程度上创造安全环境，营造安全氛围，然而制度本身的约束权限和观念转变的长期性仍然使国家对安全的追求不仅没有发生本质性的变化，而且在新形势下变得更加迫切。一方面，在科技革命背景下，新式武器尤其是大规模杀伤性武器的研制与配备使得国家在传统安全领域面临的威胁呈几何级陡增，稍有不慎就会危及整个人类的生死存亡；另一方面，全球化在客观上助推了各种全球性威胁的产生与扩散，以至于当今世界的大多数问题都可以被置于非传统安全的范畴。当然，传统安全与非传统安全虽有领域高低之分，但又时常紧密关联。传统安全冲突有时会导致非传统安全威胁的产生，而非传统安全威胁有时也会诱发传统安全困境。因此，解决时下安全问题必须秉承新安全观，强调综合安全和共同安全，才能有效地化解安全风险，应对安全威胁。

第一节　全球安全治理概述

1995年，全球治理委员会发表了著名的研究报告《天涯成比邻》，首次较为系统地阐述了全球治理的概念、价值及其在安全和经济领域的表现。其中，报告第三章专门讨论了促进安全的问题。[①] 该报告开宗明义地指出，今天确保和平与安全的任务与在1945年一样具有挑战性。而冷战的结束提供了一个新的机会，它将使世界的集体安全体系更加有效，同时也将使其适应人类与地球在安全方面更广泛的需求。

该报告强调，虽然主权国家相互之间一直以来存在着竞争，并在过去常常通过扩充军备和组建联盟来保障自身安全，但在21世纪全球化不断发展、国际社会深度依赖，以及各种新型致命性武器频现的背景下，国家之间的战争不可能存在任何赢家。与此同时，其他重要的安全挑战也层出不穷，如对地球生命支持系统的威胁，极度的经济匮乏，常规轻型武器的扩散，国内政治派别对

① See Our Global Neighborhood—Report of the Commission on Global Governance，http：//www. gdrc. org/u-gov/global-neighbourhood/chap3. htm.

平民的恐吓以及对人权的严重侵犯。这些新的安全威胁使得全球安全必须超越传统的国家安全理念，从而扩大到对人和地球安全的关注。

该报告进一步提出，后冷战时代的安全原则应当包括：与国家一样，所有人都有权获得安全的存在，而所有国家都有义务保护这些权利；全球安全政策的主要目标应在于通过消除对人和地球安全构成威胁的经济、社会、环境、政治和军事条件，并在危机升级成武装冲突之前对其进行预测和管理，从而预防冲突和战争以及维护地球生命支持系统的完整性；除行使自卫权或经联合国授权以外，军事力量不再是合法的政治工具；发展超过国防需求和联合国行动所需支持的军事能力是对人的安全的潜在威胁；大规模杀伤性武器不是合法的国防工具；武器的生产和贸易应由国际社会进行控制。

就此而言，安全从一开始就是全球治理关注的重要对象，而安全治理也自始至终都是全球治理的重要组成部分。相对于过去仅关注主权国家的军事安全，主要追求没有外部军事威胁，全球安全治理的内涵与目标主要包括以下五个层面（见表8—1）：

表8—1　全球安全治理的内涵与目标

人的安全	免于暴力和经济匮乏的威胁，具体包括人员流动、全球卫生健康威胁、全球犯罪威胁、金融市场不稳定、劳工市场不稳定、贫困、冲突和发展等
环境安全	资源能源威胁、森林退化和生物多样性威胁、水安全威胁、全球气候变化和臭氧层破坏等

续表

文化安全	避免文化帝国主义、殖民主义、霸权主义，维护文化多样性
国家安全	军事上免受外部军事威胁、政治上免受合法性挑战、经济上免受匮乏威胁、社会上免受族群冲突挑战
跨国安全	应对跨国有组织犯罪、国际恐怖主义、非法移民、传染病等

资料来源：肖欢容、张沙沙：《全球安全治理的缘起及挑战》，《江西社会科学》2018年第11期，第212—213页。

鉴于全球安全威胁的多边性、多层性、多样性，全球安全治理体系不仅包括全球和地区层面的多边安全机构，而且也涵盖了政府间非正式集团、非政府组织以及企业等部门。各种类型的治理主体通过发挥各自在不同议题领域的比较优势，共同为促进全球安全治理做出应有的贡献。比如，欧盟、非盟、阿盟以及西非国家经济共同体、东非共同体等组织都在各个地区或次区域的安全治理中扮演了突出的角色；二十国集团、金砖国家等合作机制也对粮食安全、能源安全、气候变化、金融安全、国际反恐表现出越来越大的兴趣和期待；国际红十字会、绿色和平组织，甚至是私人安保公司也都在特定安全议题上发挥了重要的作用。①

虽然上述各类行为体都具备治理的资格，拥有治理的资源，享有治理的权限，但联合国在全球安全治理体系中的中心地位与核心作用却是毋庸置疑的。除了联合国主要机构如大会、安理会、人权理事会、经社理事会、国际法院和秘书处以外，诸如维持和平行动

① 李东燕：《全球安全治理与中国的选择》，《世界经济与政治》2013年第4期，第46—47页。

部、建设和平委员会、联合国反恐怖机制、跨国有组织犯罪预防机制、裁军与军备控制机制等都与全球安全议题息息相关。不仅如此，如果从非传统安全和综合安全的角度来看，联合国开发计划署、环境规划署、难民署、粮农组织、儿童基金会等专门机构也都是全球安全治理的利益攸关方和重要参与者。①

其中，安全理事会是与全球安全治理最直接相关的机构，它对维护国际和平与安全负有主要责任，并同联合国大会、秘书处以及其他机构互为补充。其主要职权包括：依照联合国的宗旨和原则维护国际和平与安全；调查可能引起国际摩擦的任何争端或局势；建议调解这些争端的方法或解决条件；制订计划以处理对和平的威胁或侵略行为，并建议应采取的行动；促请各会员国实施经济制裁和除使用武力以外的其他措施以防止或制止侵略；对侵略者采取军事行动；就接纳新会员国以及各国加入《国际法院规约》的条件提出建议；在“战略地区”行使联合国的托管职能；就秘书长的任命向大会提出建议，并与大会共同选举国际法院的法官。②

当然，安理会行使相关职权的首要依据就是《联合国宪章》。宪章在序言部分的第一句就直言创立联合国的初衷即在于：欲免后世再遭今代人类两度身历惨不堪言之战祸，并为达此目的，集中力量以维持国际和平及安全。随后的第一章第一条规定，联合国的首要宗旨是维持国际和平及安全；并为此目的，采取有效集体办法，以

---

① 李东燕：《全球安全治理与中国的选择》，《世界经济与政治》2013年第4期，第46页。

② 参见“联合国安全理事会职能和权力”，https：//www.un.org/securitycouncil/zh/content/functions-powers。

防止且消除对于和平之威胁，制止侵略行为或其他和平之破坏；并以和平方法且依正义及国际法之原则，调整或解决足以破坏和平之国际争端或情势。宪章第六章和第七章分别就“争端之和平解决”及“对于和平之威胁、和平之破坏及侵略行为之应付办法”进行了规定，成为联合国主导全球安全治理最重要的法律框架。①

表8—2 《联合国宪章》第六章

第三十三条	一、任何争端之当事国，于争端之继续存在足以危及国际和平与安全之维持时，应尽先以谈判、调查、调停、和解、公断、司法解决、区域机关或区域办法之利用，或各当事国自行选择之其他和平方法，求得解决
	二、安全理事会认为必要时，应促请各当事国以此项方法，解决其争端
第三十四条	安全理事会得调查任何争端或可能引起国际摩擦或惹起争端之任何情势，以断定该项争端或情势之继续存在是否足以危及国际和平与安全之维持
第三十五条	一、联合国任何会员国得将属于第三十四条所指之性质之任何争端或情势，提请安全理事会或大会注意
	二、非联合国会员国之国家如为任何争端之当事国时，经预先声明就该争端而言接受本宪章所规定和平解决之义务后，得将该项争端，提请大会或安全理事会注意
	三、大会关于按照本条所提请注意事项之进行步骤，应遵守第十一条及第十二条之规定
第三十六条	一、属于第三十三条所指之性质之争端或相似之情势，安全理事会在任何阶段，得建议适当程序或调整方法
	二、安全理事会对于当事国为解决争端业经采取之任何程序，理应予以考虑
	三、安全理事会按照本条作成建议时，同时理应注意凡具有法律性质之争端，在原则上，理应由当事国依国际法院规约之规定提交国际法院

① 参见《联合国宪章》，http：//www. un. org/zh/charter-united-nations/index. html。

续表

第三十七条	一、属于第三十三条所指之性质之争端，当事国如未能依该条所示方法解决时，应将该项争端提交安全理事会
	二、安全理事会如认为该项争端之继续存在，在事实上足以危及国际和平与安全之维持时，应决定是否当依第三十六条采取行动或建议其所认为适当之解决条件
第三十八条	安全理事会如经所有争端当事国之请求，得向各当事国作成建议，以求争端之和平解决，但以不妨碍第三十三条至第三十七条之规定为限

资料来源：联合国官网，http：//www. un. org/zh/sections/un-charter/chapter-vi/index. html。

表 8—3 《联合国宪章》第七章

第三十九条	安全理事会应断定任何和平之威胁、和平之破坏或侵略行为之是否存在，并应作成建议或抉择依第四十一条及第四十二条规定之办法，以维持或恢复国际和平及安全
第四十条	为防止情势之恶化，安全理事会在依第三十九条规定作成建议或决定办法以前，得促请关系当事国遵行安全理事会所认为必要或合宜之临时办法。此项临时办法并不妨碍关系当事国之权利、要求或立场。安全理事会对于不遵行此项临时办法之情形，应予适当注意
第四十一条	安全理事会得决定所应采武力以外之办法，以实施其决议，并得促请联合国会员国执行此项办法。此项办法得包括经济关系、铁路、海运、航空、邮电、无线电及其他交通工具之局部或全部停止，以及外交关系之断绝
第四十二条	安全理事会如认为第四十一条所规定之办法为不足或已经证明为不足时，得采取必要之空海陆军行动，以维持或恢复国际和平及安全。此项行动得包括联合国会员国之空海陆军示威、封锁及其他军事举动

续表

第四十三条	一、联合国各会员国为求对于维持国际和平及安全有所贡献起见，担任于安全理事会发令时，并依特别协定，供给为维持国际和平及安全所必需之军队、协助及便利，包括过境权
	二、此项特别协定应规定军队之数目及种类，其准备程度及一般驻扎地点，以及所供便利及协助之性质
	三、此项特别协定应以安全理事会之主动，尽速议订。此项协定应由安全理事会与会员国或由安全理事会与若干会员国之集团缔结之，并由签字国各依其宪法程序批准之
第四十四条	安全理事会决定使用武力时，于要求非安全理事会会员国依第四十三条供给军队以履行其义务之前，如经该会员国请求，应请其遣派代表，参加安全理事会关于使用其军事部队之决议
第四十五条	为使联合国能采取紧急军事办法起见，会员国应将其本国空军部队为国际共同执行行动随时供给调遣。此项部队之实力与准备之程度，及其共同行动之计划，应由安全理事会以军事参谋团之协助，在第四十三条所指之特别协定范围内决定之
第四十六条	武力使用之计划应由安全理事会以军事参谋团之协助决定之
第四十七条	一、兹设立军事参谋团，以便对于安全理事会维持国际和平及安全之军事需要问题，对于受该会所支配军队之使用及统率问题，对于军备之管制及可能之军缩问题，向该会贡献意见并予以协助
	二、军事参谋团应由安全理事会各常任理事国之参谋总长或其代表进行组织。联合国任何会员国在该团未有常任代表者，如于该团责任之履行在效率上必须该国参加其工作时，应由该团邀请参加
	三、军事参谋团在安全理事会权力之下，对于受该会所支配之任何军队，负战略上之指挥责任；关于该项军队之统率问题，应待以后处理
	四、军事参谋团，经安全理事会之授权，并与区域内有关机关商议后、得设立区域分团

续表

第四十八条	一、执行安全理事会为维持国际和平及安全之决议所必要之行动，应由联合国全体会员国或由若干会员国担任之，一依安全理事会之决定
	二、此项决议应由联合国会员国以其直接行动及经其加入为会员之有关国际机关之行动履行之
第四十九条	联合国会员国应通力合作，彼此协助，以执行安全理事会所决定之办法
第五十条	安全理事会对于任何国家采取防止或执行办法时，其他国家，不论其是否为联合国会员国，遇有因此项办法之执行而引起之特殊经济问题者，应有权与安全理事会会商解决此项问题
第五十一条	联合国任何会员国受武力攻击时，在安全理事会采取必要办法，以维持国际和平及安全以前，本宪章不得认为禁止行使单独或集体自卫之自然权利。会员国因行使此项自卫权而采取之办法，应立即向安全理事会报告，此项办法于任何方面不得影响该会按照本宪章随时采取其所认为必要行动之权责，以维持或恢复国际和平及安全

资料来源：联合国官网，http：//www. un. org/zh/sections/un-charter/chapter-vii/index. html。

根据《联合国宪章》授予的相关权力，联合国在维护国际和平与安全方面所做的努力主要涉及以下几个方面（见表8—4）：

表8—4 联合国维护国际和平与安全的努力

预防性外交和调解	预防冲突是减轻人类苦难，减少冲突及其后果带来的经济成本最有效的途径。联合国通过外交手段、斡旋及调解在冲突预防中发挥重要作用，并通过实地派遣特使和特别政治任务促成和平

续表

维持和平	联合国安理会负责给维和行动任务授权。维和部队和警察由会员国派遣，维和行动接受和平行动部管理，并受到业务支助部支持。自 1948 年以来，联合国共采取了 71 项维和行动。当前仍在进行中的维和行动共有 14 项。维和行动不仅仅是为了维护和平与安全，更有助于推进政治进程、保护平民、协助前战斗人员解除武装、复员和重返社会；支持宪政及选举进程，保护并推动人权，恢复法制和加强合法国家的权力
建设和平	旨在帮助国家走出冲突，减少再次陷入冲突的风险，并为建设可持续的和平与发展奠定基础。联合国建设和平架构由建设和平委员会、建设和平基金与建设和平支助办公室组成。建设和平支助办公室通过提供战略性意见和政策指导协助并支持建设和平委员会，管理建设和平基金，同时协助秘书长协调联合国各机构为建设和平而努力
打击恐怖主义	2006 年 9 月，联合国会员国通过了《联合国全球反恐战略》，成为各会员国就反对恐怖主义达成的首个共同战略和业务框架。迄今为止，在联合国系统框架内已有 18 份反对恐怖主义的全球文书，涉及各种具体的恐怖主义活动
裁军	在裁军事务厅的支持下，联合国大会及其他机构致力于推进裁军以及不扩散核武器、化学武器、生物武器等大规模杀伤性武器和传统武器

资料来源：联合国官网，http：//www. un. org/zh/sections/what-we-do/maintain-international-peace-and-security/。

尽管以联合国为核心的全球安全治理在某些领域取得了重大进展，在某些议题上开展了有益的探索，但是由于联合国本身的政府间属性以及全球和地区性大国之间的安全困境与安全博弈，特别是霸权国的单边主义和强权政治，全球安全治理面临着诸多现实和潜在的挑战。但与此同时，安全威胁的全球化和安全议程的全球化又迫使主权国家更加依赖以联合国为中心的多层安全治理体系，从而使得全球安全治理走向将呈现一个挑战与机遇并存的新局面。

第二节　金砖国家全球安全治理主张①

一、传统安全治理

金砖国家认为，促使 5 个成员国从不同大洲走到一起的重要驱动力即是维护世界和平、安全和稳定。金砖国家致力于建设一个持久和平和共同繁荣的世界，这在当前国际社会面临越来越多全球性安全威胁的背景下显得尤为必要。对此，金砖国家多次重申，国际社会需要共同努力，采取全面、协调、坚决的方式，秉持团结、互信、互利、平等、合作的精神，坚持对国际法的有力承诺，推动实现可持续和平。而建设可持续和平需要将发展与安全紧密联系起来，使二者相辅相成，以解决冲突根源，包括政治、经济和社会因素。此外，维护和平与建设和平还存在密切的关联性。不仅如此，金砖国家还重视在预防和解决冲突、维护和平、建设和平及冲突后恢复和重建中考虑性别问题。

金砖国家强调，联合国作为最主要的多边国际组织，是全球治理和多边主义的核心，在维护国际和平与安全方面应发挥中心作用。金砖国家承诺将根据《联合国宪章》的宗旨和原则寻求持续、和平

① 参见历次金砖国家领导人峰会宣言。

解决争端的方式，谴责违反国际法和公认的国际关系基本准则的单边军事干预和经济制裁。与此同时，金砖国家还强调安全不可分割的独特重要性，主张任何国家都不能以牺牲别国安全为代价来加强自身安全。如不全面、认真、持续遵循国际法普遍认同的原则和规则，各国和平共存就无从谈起，而违反上述核心原则也将对国际和平与安全造成威胁。

在金砖国家看来，联合国安理会负有维护世界和平与安全的首要责任。金砖国家向来重视在安理会中的密切协调，推动强化多边解决方式。同时，为了更好地应对全球安全挑战，金砖国家积极主张对安理会进行全面改革，以便使其更具代表性、合法性且更有效率。此外，金砖国家也认识到，联合国维和行动在维护国际和平与安全问题上发挥了重要作用，但也面临着涉及其作用、能力、效力、问责、效率等方面的挑战。金砖国家强调，联合国维和行动应在严格按照各自授权、尊重当事国首要责任的前提下履行保护平民的职责。

除了关注全球层面的安全威胁与挑战外，金砖国家也对地区热点问题表现出极大的关切。首先，金砖国家持续跟踪了中非共和国、刚果民主共和国、利比亚、南苏丹、布隆迪、马里等非洲国家的安全局势，希望相关国家能够赞同避免使用武力的原则，尊重每一个国家的独立、主权、统一和领土完整，早日恢复动乱国家的和平与稳定，促进它们的繁荣与进步。在非洲地区安全问题上，金砖国家尤为赞赏非洲联盟及其他次区域组织为维护地区和平与稳定所做出的努力与贡献，呼吁联合国安理会进一步加强同非盟及其和平与安全理事会的合作。与此同时，金砖国家也愿意与国际社会一道，为和平解决非洲地区的冲突提供便利。

其次，金砖国家十分关心中东地区的持续冲突和紧张局势，认为只有通过广泛包容的，充分尊重地区各国独立、主权和领土完整的政治对话，方能实现该地区的持久和平。为此，一方面金砖国家重申应在联合国相关决议、马德里原则、阿拉伯和平倡议等基础上，通过谈判公正、持久、全面解决巴以冲突，并建立一个与以色列和平共处、独立自主的巴勒斯坦国。在此过程中，除了巴以双方的直接对话外，联合国安理会以及中东问题四方机制也应发挥积极的建设性作用。另一方面，金砖国家强调对话与和解是解决叙利亚危机的关键，主张推进“叙人主导、叙人所有”的包容性政治进程，确保叙利亚独立、统一以及主权和领土完整，同时欢迎阿拉伯国家联盟为此付出各种努力。此外，金砖国家还多次重申致力于维护伊拉克的主权、领土完整和政治独立，敦促也门各方停止敌对状态，在联合国支持下恢复谈判。

再次，金砖国家支持“阿人主导、阿人所有”的阿富汗全国和平与和解进程，表示愿意同阿富汗开展建设性合作，提升其安全环境，推动其政治、经济自主进程。金砖国家表示，阿富汗要想实现持久和平与稳定，需要时间、发展援助、优惠的市场条件、外国投资以及目标清晰的国家战略。为此，国际社会应当共同协助阿政府和人民实现上述目标。比如，联合国应在协调解决阿富汗问题的国际努力中发挥核心作用，并重视上海合作组织、集体安全条约组织、伊斯坦布尔进程等其他地区性多边机制的独特作用，同时还应肯定北约在支持阿富汗安全部队能力建设方面的关键作用。

最后，金砖国家认为，谈判是解决伊朗核问题的唯一途径，承认伊朗拥有和平利用核能的权利，支持根据联合国安理会相关决议和《不扩散核武器条约》有关条款与伊朗进行政治对话与外交磋商，反对有关国家对伊朗采取军事威胁和单边制裁的行动，呼吁各方切实履行伊核问题全面协议，促进国际和地区的和平与安全。另外，金砖国家对各方为实现朝鲜半岛完全无核化及维护东北亚和平与稳定所开展努力表示欢迎，并重申致力于通过和平、外交和政治手段解决半岛问题。

二、非传统安全治理

关于跨国有组织犯罪，金砖国家支持在《2000年联合国打击跨国有组织犯罪公约》框架下采取一致且全面的行动，特别是参与联合国经社理事会预防犯罪和刑事司法委员会的工作，以便于降低跨国有组织犯罪对个人和社会的负面影响，并致力于使预防犯罪与刑事司法问题作为重要议题纳入联合国长期优先议程。除了强调有效的移民管理和打击洗钱行为外，金砖国家关注的跨国有组织犯罪主要包括以下几类：

第一，金砖国家谴责一切形式和表现的恐怖主义，强调任何原因都不能作为为恐怖主义正名的理由。金砖国家呼吁综合施策打击恐怖主义，如打击极端化和恐怖分子的招募与流动；切断恐怖主义融资渠道；摧毁恐怖组织基地；打击恐怖主义实体滥用最新信息通信技术等。金砖国家主张，国际社会应当建立一个真正广泛的全球反恐联盟，并支持联合国在其中发挥中心协调作用，特别强调打击恐怖主义必须依据包括《联合国宪章》、国际难民和人道主义法在内的国际法，尊重人权和基本自由，同时还应增强联合国反恐体系的有效性，如加强联合国相关机构的协调合作、将恐怖分子和恐怖组织列名以及向会员国提供技术援助等。此外，金砖国家还支持启动包括裁军谈判会议在内的国际反化学和生物恐怖主义公约多边谈判，以便更好地应对化学和生物恐怖主义威胁。

第二，金砖国家认为，海盗和海上武装抢劫犯罪对国际航海安全以及相关领域的安全与发展构成了严重威胁，因而有必要对海盗活动频发海域的各类风险进行客观评估，以减缓对沿海各国经济和安全造成的负面影响。在沿海国家打击此类犯罪的同时，金砖国家强调国际社会共同行动的重要性，呼吁所有利益攸关者，包括平民和军队、公共部门和私营部门，共同参与应对这一挑战。在金砖国家看来，要永久解决受影响地区的海盗问题，应着眼于改善可持续发展、安全和稳定，并强化本地机构和治理。其中，问责以及实施陆地长期发展政策是提高反海盗联盟有效性的关键要素，而对海盗的法律诉讼也将对国际社会维护航行安全的努力形成补充。

第三，金砖国家强调，毒品损害公众健康，危害公共和人民安全与福祉，破坏社会、经济、政治稳定和可持续发展，并注意到在世界有些地区，贩毒、洗钱、有组织犯罪和恐怖主义之间的关联日益紧密，而这些问题在全球麻醉品生产和需求空前增长的背景下变得更为严重。对此，金砖国家计划根据联合国 1961 年、1971 年和 1988 年禁毒公约以及国际法相关规范和原则，采取整体和平衡措施，推进减少毒品供需战略，并呼吁加强国际和地区协调合作，应对非法生产和贩运毒品，特别是鸦片制剂对国际社会造成的威胁。

关于公共卫生安全，金砖国家意识到传染病和非传染病导致的全球威胁正在不断上升且呈现出多样化趋势，并对国际社会特别是发展中国家和最不发达国家的经济社会发展造成了负面影响。因此，金砖国家呼吁国际社会以及公共和私人部门加强国际合作与伙伴关系，支持有关国家实现卫生目标的努力，以改善所有人的健康状况。在诸如艾滋病、肺结核、疟疾等主要疾病持续传播，高致病性流感、新冠状病毒或埃博拉等新发传染病不断涌现的背景下，金砖国家愿意同有关国际组织协调配合，应对全球卫生挑战，并通过合作管理新型流行病潜在传染风险，限制并消除阻碍发展的传染病，研发、生产、供应预防和治疗传染病的药品等方式，为提高全球卫生安全做出集体贡献。此外，金砖国家也表态支持联合国及其他国际组织关于突发公共卫生事件国际反应体系的改革努力，提高其应对突发事件和长远系统性问题的治理能力，并在国家、地区和全球层面缩小应急准备同紧急行动之间的差距，从而为疫区国家抗击疾病提供及时而有效的帮助。

关于核安全，金砖国家指出，核能将继续在未来的能源构成中占据重要位置。它不仅有助于落实《巴黎协定》关于温室气体减排的承诺，而且有利于国际社会的可持续发展。但核电站的设计、建设及运行必须严格遵守相关安全标准，才能使核能真正作为一种清洁、可负担、安全和可靠的能源满足全球需求。金砖国家强调，在国际社会提供核安全标准的共同努力过程中，国际原子能机构应发挥重要作用，以加强核能安全标准，增强公众信心，尤其是要在国际原子能机构框架下就和平利用核能展开国际合作。

三、全球公域治理

关于网络安全，金砖国家认为，互联网应在促进全球可持续发展伙伴关系，增进国际和平与稳定，推动保护人权等方面发挥重要的积极作用。信息通信技术部门、民间社会以及学术机构应共同努力挖掘信息通信技术相关的潜在机会并惠及大众。但与此同时，金砖国家也意识到滥用信息通信技术从事犯罪活动的现象不断增多，国家和非国家行为体恶意使用信息通信技术的情况也日益严重，强调有必要通过国际合作确保一个和平、安全、开放的数字和互联网空间。

一方面，金砖国家强调各国政府应在管理和保障国家网络安全方面发挥积极作用，对利用信息通信技术以及互联网损害包括隐私权在内的人权和基本自由的行为零容忍，积极考虑建立保密和保护用户个人信息的机制。为此，金砖国家决定建立信息通信技术合作工作组，并在信息通信技术使用安全专家工作组的框架下开展合作，包括分享使用信息通信技术过程中的安全问题和最佳实践，围绕打击网络犯罪进行有效协调，建立成员国之间的联络点，对现有计算机安全事件展开响应，联合开展项目研发、能力建设以及国际准则、原则和标准的制定。

另一方面，金砖国家主张互联网是全球资源，各国应平等参与全球网络的演进和运行，其核心资源的管控架构应当更具有代表性和包容性，支持联合国在制定各方普遍接受的网络空间负责任国家行为规范方面发挥中心作用，促进互联网国际公共政策制定，尤其是注重坚持和维护包括《联合国宪章》在内的国际法基本原则，如政治独立、领土完整、主权平等、和平解决争端、不干涉内政、尊重人权和基本自由及隐私等。金砖国家呼吁国际社会将工作重点放在信息通信使用中建立信任措施、开展能力建设以及不使用武力和预防冲突等方面，并通过务实合作应对信息通信领域的共同安全挑战。

关于外空安全，金砖国家指出，外空应由各国根据国际法并在平等基础上自由地进行和平开发与利用，应造福所有国家并符合各国利益，而不论各国的经济或科技发展水平。各国均应为推动和平开发利用外空的国际合作做出贡献，同时重点照顾发展中国家需求，反对阻碍上述国际合作及发展中国家空间活动的单边措施。金砖国家特别关注外空军备竞赛和外空成为军事对抗舞台的可能性，重申外空开发和利用应出于和平目的，并呼吁在联合国框架下就国际外空行为准则进行包容的、基于共识的多边谈判，不设具体期限，以期达成反映所有参与方关切的平衡结果，尤其强调要将谈判缔结一项或多项旨在防止外空军备竞赛的国际协定作为裁军谈判会议的优先任务，从而通过不懈努力，提高外空活动、运行的安全水平，实现预防冲突的目标。

第三节 金砖国家全球安全治理实践

一、改革联合国安理会

总体而言，金砖国家在联合国安理会改革的必要性和重要性这一根本问题上的意见并无不同，但在如何改革的操作层面却存在一些相左的看法。在代表性问题上，巴西和印度声称应当在安理会中增加大国或有影响力的发展中国家，同时坚持扩大后的安理会成员总数不超过合理的规模；南非主张非洲联盟在安理会中应至少拥有两个常任理事国席位，从而达到地域均衡的目的；俄罗斯提出安理会可在“有限规模”和“广泛一致”的前提下进行扩大，并将扩大后的规模控制在20个成员以内；中国提出应增加发展中国家，特别是非洲国家在安理会的代表性和发言权，使广大中小国家有更多机会轮流进入安理会，参与决策并发挥更大作用。

在否决权问题上，俄罗斯主张维持安理会现有五大常任理事国的既有地位，反对取消或限制“五常”的否决权，同时反对新增常任理事国享有否决权；中国对于国际社会关于动用甚至滥用否决权的担忧表示理解，但认为否决权的设立是为了更好地协调大国立场，防止重大分歧与冲突，所以仍具备一定的合理性；巴西和印度一方面坚持新增常任理事国应当享有否决权，但另一方面为了争取“五常”的支持与肯定，两国又在反对取消或限制“五常”否决权的同时，愿意做出新增常任理事国15年内不享有该权力的妥协；南非认为“五常”现有的否决权机制有悖于主权平等原则，应当予以逐步取消。但在完全取消否决权之前，新常任理事国也理应享有同等的权利。

在工作机制问题上，中国认为改革的重点应放在精简行政机构，提高管理效率方面，主张采取“自上而下”、有计划的渐进方式来增强安理会的公信力和透明度，从而避免因程序变动造成的不稳定；俄罗斯主张应公开安理会工作的细节，提高工作透明度，同时支持安理会继续与联大保持定期会晤，并由轮值主席每月向成员国汇报工作，以此扩大会员的决策参与度；印度主张通过增加大国或有影响力的发展中国家来提高安理会的代表性和效率，使其行动具有代表性、合法性和有效性；巴西和南非赞同安理会通过增加代表性来提高工作透明度的做法，认为这更有利于广大会员国参与到安理会决策中来。

围绕着联合国安理会的改革焦点，一边是积极要求“入常”并掌握否决权的印度、巴西和南非，另一边则是对安理会权力格局与分化组合非常敏感的中国与俄罗斯。这就无形地在双方之间划设了一条利益分割线，使得金砖国家的不同成员组合出现了潜在的对立趋势。面对印度、巴西和南非持久而迫切的“入常”要求，金砖国家历次领导人宣言也仅仅使用了“重视其在国际事务中的地位和作用”以及“支持其希望在联合国发挥更大作用的愿望”的表述进行模糊回应。长此以往，印度、巴西、南非难免质疑金砖国家相互之间的政治互信，进而有损金砖国家开展全方位合作的意愿与决心。倘若西方国家再进一步表明对某个或某些金砖国家支持的立场，那么金砖成员之间的凝聚力与向心力就会受到更加严峻的挑战。

对此，首先金砖国家应当奉行一种更加系统化的指导思想，不要因为某些问题暂时得不到解决而影响整体的改革进程，毕竟否决权问题并不是安理会改革的全部，而安理会改革也只是联合国改革的一部分。其次金砖国家在通过求同稳定合作大局的同时，还有必要在存异、化异的问题上逐步迈出实质性步伐。一方面，中俄可以尝试争取印度、巴西和南非以金砖国家身份捆绑申请入常，以便将来在安理会中更好地塑造金砖立场，发出金砖声音；另一方面，中俄两国可在不完全否认新常任理事国拥有否决权的同时，向印度、巴西、南非提出暂不享有否决权，但也不为此设置固定时间表的临时方案，同时在实践中充分发挥金砖国家政治安全合作支柱的积极作用，尽可能在金砖国家内部协商一致，提出统一的金砖方案，再由中国和俄罗斯在需要的时候代表金砖国家行使否决权，从而间接地维护和实现印度、巴西和南非三国的安全利益与安全诉求。

综上所述，联合国安理会改革是一项非常复杂的系统工程。其复杂性就在于如何在现有的常任理事国之间以及“五常”与未来新增的常任理事国之间实现权力均衡与利益共享。对于金砖国家而言，要想真正推动联合国安理会改革，就必须一方面处理好金砖国家内部的利益分化与立场分歧，另一方面则要与发达国家集团展开一系列的非零和博弈。在此过程中，金砖国家还要面临内部离异与外部分化的双重考验，而这也将成为考验金砖国家合作是否具备稳定政治基础的一块试金石。①

二、打击恐怖主义

反恐是金砖国家安全合作的重要议题。2016 年 9 月 14 日，金砖国家在印度新德里建立了反恐工作组并举行了首次会议，进一步推动了金砖国家在反恐问题上的对话与理解，为下一步更好地协调应对恐怖主义的努力奠定了新的基础。2017 年 5 月 18 日，金砖国家反

---

① 参见朱天祥、李文倩：《金砖国家与联合国安理会改革》，肖肃、朱天祥主编：《和平与发展——联合国使命与中国方案》，时事出版社 2017 年版，第 48—56 页。

恐工作组第二次会议在北京举行。金砖各国就国际和地区的反恐形势、金砖国家反恐合作以及反恐工作组的未来发展等议题展开了深入探讨。与会代表认为，金砖国家在反恐领域具有广泛的共同利益和广阔的合作空间，呼吁充分利用好反恐工作组这一机制化平台，逐步扩大在反恐情报、执法、能力建设、海外利益安保等方面的务实合作，同时加强在多边场合的沟通协调，致力于为国际反恐斗争贡献金砖力量。[①] 2018 年 4 月 18—19 日，金砖国家反恐工作组又在南非内尔斯普雷特举行了第三次会议。

金砖国家反恐工作组的建立是金砖各国在反恐问题上共同利益的集中体现，特别是与印度的呼吁和推动密不可分。果阿峰会期间，金砖国家对以反恐为主的安全议题进行了前所未有的关注，就金砖国家的反恐合作路径展开了全面而深入的讨论，提出了诸如关于建立有关恐怖主义势力数据库等倡议，同时还在金砖国家与环孟加拉多领域经济技术合作倡议成员国的对话中引入了反恐议题。虽然峰会宣言在总体上反映了印度特殊的反恐诉求，但是其他金砖成员并未认可将巴基斯坦和恐怖主义进行关联，并以此作为孤立和打压巴基斯坦的理由和借口。这既与中国同巴基斯坦的“全天候战略合作伙伴关系”和俄罗斯在印巴之间采取的平衡战略有关，同时也在一定程度上反映出金砖国家在反恐利益与需求上的差异性。

相对于印度、中国和俄罗斯在全球恐怖主义指数中前 30 位的排名，南非和巴西所面临的恐怖主义威胁在程度上要更小一些。虽然

---

① 参见“金砖国家反恐工作组第二次会议在北京举行”，https://www.fmprc.gov.cn/web/wjb_673085/zzjg_673183/swaqsws_674705/xgxw_674707/t1463196.shtml。

南非境内存在部分恐怖主义组织的资金和人员，但伊斯兰极端组织对其实施袭击的可能性却比较低。与此同时，鉴于执政的非洲国民大会一度被西方国家指控与恐怖主义有关，南非政府也不愿意对恐怖组织作出明确的界定。而巴西所面临的恐怖主义威胁主要来自于南美地区的跨国有组织犯罪，以及哥伦比亚、阿根廷和委内瑞拉等邻国境内的恐怖活动。尽管如此，金砖国家仍有必要对恐怖主义进行定性并探讨应对方案，因为任何一个国家都有可能在未来成为恐怖袭击的潜在受害者。① 2017 年，金砖国家在厦门宣言中对 10 个恐怖或极端组织点了名，表明金砖国家在反恐合作上迈出了更大的步伐。

三、推进网络安全合作

自 2013 年将网络安全议题列入金砖国家峰会宣言以来，金砖国家在网络安全问题上展开的合作主要表现在以下四个方面：②

一是就网络安全威胁及其应对举措达成了共识。金砖国家通过外长会议，特别是金砖国家安全事务高级代表会议，探讨了避免网络空间为恐怖分子所用，打击网络犯罪组织者，加强联合国框架下多边合作，推动国内法与国际法协调一致，分享打击网络犯罪信息与经验，以及加大技术和执法部门合作，促进联合研发与能力建设

---

① 参见王蕾：《金砖国家间安全利益的关联与安全合作前景》，《拉丁美洲研究》2017 年第 4 期，第 124—136 页。

② 高望来：《金砖国家网络安全合作：进展与深化路径》，《国际问题研究》2017 年第 5 期，第 67—70 页。

等问题。

二是强化了信息基础设施建设。金砖国家德班峰会正式批准了金砖国家光缆项目。该光缆以俄罗斯的符拉迪沃斯托克市为起点，途经中国汕头、新加坡、印度钦奈、毛里求斯、南非开普敦与姆通济尼、巴西福塔莱萨，最终到达美国迈阿密。它对消除金砖国家在通信领域对发达国家的依赖，保障金砖国家相互之间的网络安全具有重要意义。

三是完善了网络安全合作的制度架构。2013 年 12 月，金砖国家安全事务高级代表会议决定建立网络安全问题工作组。2015 年，金砖国家乌法峰会决定建立信息通信技术使用安全专家工作组。与此同时，金砖国家还通过智库理事会的专家学者为金砖国家开展网络安全合作提供智力支持。

四是积极表达网络空间治理主张。除了日常通过领导人峰会、外长会议以及安全事务高级代表会议发表反映发展中国家合理诉求的一贯立场外，金砖国家还曾于 2013 年 4 月首次以“金砖国家”的名义联合向联合国提出了《加强国际合作 打击网络犯罪》的决议草案，为推进对网络犯罪的合作研究与国际应对注入了新的动力。

当然，正如金砖国家在其他高级政治领域所遇到的合作困境一样，金砖国家的网络安全合作也面临着诸多现实和潜在的挑战，比如中俄两国与印度、巴西、南非三国在网络空间治理的侧重点上存在差异，前者主要关注网络技术对国家主权和安全利益的威胁，而后者则更注重信息社会领域的相关合作；某些金砖成员鉴于自身利益和国内压力而对网络安全合作持消极态度，导致金砖国家难以在该领域取得实质性进展；以美国为首的西方国家极力拉拢部分金砖成员，说服其接受西方主导的网络安全秩序，并以此对金砖国家进行分化。在此背景下，金砖国家可通过完善合作平台，促进民间对话，引领南南信息技术合作，推进全球网络空间规则制定等方式，为构建全球网络空间治理新秩序做出独特的贡献。①

◆ 附录 ◆

附录 1　金砖国家中东特使联席会议公报（摘译）

金砖国家中东特使对近年来在该区域一些国家出现的内部危机表示关切。他们坚决主张，应根据国际法和《联合国宪章》解决这些危机，而不应诉诸武力或外部干涉，并通过建立广泛的民族对话，尊重该区域各国的独立、领土完整和主权。与会者强调，该区域各国人民关于充分享有政治和社会自由以及尊重人权的愿望具有合法性。

他们强烈谴责最近针对包括俄罗斯联邦在内的一些金砖国家的几次袭击。金砖国家成员主张巩固打击全球恐怖主义威胁的国际努力。他们强调，应在联合国及其安全理事会的主持下，在国际法的坚实基础上采取反恐措施。

会议期间，金砖国家特使强调了联合国安理会作为承担维护国际和平与安全主要责任的国际机构的作用，同时还强调未经安理会

① 高望来：《金砖国家网络安全合作：进展与深化路径》，《国际问题研究》2017 年第 5 期，第 70—74 页。

授权的军事干预不符合《联合国宪章》，是不可接受的。

金砖国家特使对叙利亚境内持续不断的暴力、人道主义局势的恶化以及国际恐怖主义和极端主义在该国日益严重的威胁深表关切。

与会者坚决支持叙利亚的主权和领土完整，并确认有必要在叙利亚人民的主导下和平解决冲突。他们支持所有基于联合国安理会第2254号决议且旨在通过政治和外交手段解决叙利亚问题的努力。他们欢迎在阿斯塔纳举行的三轮会谈和在日内瓦举行的第五轮会谈的结果。他们承认，阿斯塔纳会谈为恢复日内瓦会谈铺平了道路。他们决心做出新的、坚定的努力，以便在叙利亚找到政治和外交的解决办法。在这方面，联合国秘书长特使斯塔凡·德米斯图拉为恢复日内瓦进程所做的努力以及金砖国家向叙利亚提供人道主义援助的努力都受到欢迎。他们呼吁金砖国家继续向叙利亚提供人道主义援助，并在叙利亚重建进程中进行合作。

他们强烈谴责一切形式和表现的恐怖主义，同时呼吁所有叙利亚人民携手面对这一危险的威胁，并敦促国际社会严格遵守安理会各项有关决议规定的所有义务。

他们强烈谴责任何人在任何情况下使用化学武器，呼吁国际社会保持团结，同时处理使用或威胁使用化学武器的问题，并强调禁止化学武器组织技术秘书处、禁止化学武器组织—联合国联合调查机制与叙利亚当局之间继续合作的重要性。

他们对利比亚的政治和安全局势以及武装冲突的升级表示严重关切，强调冲突对中东（西亚）以及北非和萨赫勒地区造成极其不利的后果，并提到2011年对该国的军事干预导致一体化国家机构的崩溃，进而导致恐怖主义和极端主义团体的活动得以增加。

他们强调致力于利比亚的统一、主权和领土完整。他们表示支持利比亚当局为打击恐怖主义威胁而采取的行动。他们重申必须克服利比亚政治力量之间的分歧，并由所有利益攸关方根据《利比亚政治协定》在政府运作方面达成共识。在这方面，他们表示支持联合国秘书长利比亚问题特别代表马丁·科布勒、邻国和非洲联盟所做的努力，并对在利比亚苏尔特击败“伊斯兰国”的全球努力表示欢迎。

他们对包括伊希斯在内的恐怖主义组织继续存在于该国其他地区表示关切，并支持联合国赞助的旨在进行利比亚内部对话的国际努力，目的是在承认利比亚政治力量、地区和部落集团利益的基础上建立统一的当局。

金砖国家特使表示充分尊重伊拉克的独立、主权和领土完整。他们支持伊拉克政府打击恐怖主义和恢复对所谓的伊拉克和黎凡特“伊斯兰国”所占领领土的控制的努力。他们强调对正在进行的解放摩苏尔军事行动的人道主义影响表示关切。与会者表示希望伊拉克所有族裔和宗教派别加强民族和解，以此作为克服目前动乱，并为伊拉克人民带来期待已久的和平和经济复苏的唯一途径。在这方面，他们呼吁所有各方支持伊拉克包容性的民族和解进程，同时考虑到伊拉克社会各阶层的利益。他们提到一个由伊拉克主导并能够加强国家稳定、领土完整和民主体制的全国对话的重要性。他们还敦促国际社会继续向伊拉克难民和国内流离失所者提供援助和人道主义支持。

他们对也门共和国持续的武装冲突表示关切，冲突导致数以千计的平民，包括妇女和儿童被杀害，并摧毁了相当大一部分重要的民用基础设施，给也门局势带来了人道主义灾难。他们呼吁国际社会采取紧急措施，以缓解该国的社会和经济状况，使也门共和国所有地区不受限制地获得人道主义援助。

在这方面，特使呼吁也门立即停火，敦促冲突各方恢复全国范围的对话，也门政治力量的代表和也门人口的不同群体可以参与讨论也门的未来。与会者支持伊斯梅尔·乌尔德·谢赫·艾哈迈德做的努力。

金砖国家宣布，他们准备提供有关的人道主义援助和外交帮助，以解决也门的局势。

他们一致认为，不应以发生在中东（西亚）和北非国家的根本变革需要周期为借口，拖延解决长期冲突，特别是巴以冲突。在这方面，他们确认致力于在普遍公认的国际法律框架，包括联合国安理会各项决议、马德里原则和阿拉伯和平倡议的基础上，全面、公正和持久地解决巴以冲突。

他们呼吁早日恢复巴以谈判，以便在以 1967 年 6 月 4 日为分界线、以东耶路撒冷为首都的边界内建立一个独立、可行和领土毗邻的巴勒斯坦国。他们支持俄罗斯在中东四方机制中的作用，以期尽快实现这些目标。他们表示愿意为公正和持久地解决中东冲突做出更大的贡献。

与会者呼吁巴勒斯坦人和以色列人相互采取积极步骤，恢复相互信任，并为重启会谈创造有利条件，避免采取单方面措施，危及两国解决方案，特别是以色列在被占领的巴勒斯坦领土上的非法定居点活动。他们主张在巴解组织政治纲领和阿拉伯和平倡议的基础上克服巴勒斯坦的内部分裂。

与会者还商定，在包括联合国在内的各种地点定期举行关于中东（西亚）和北非议题的磋商是可取的，并确认支持举行其代表参与的非正式会议。

附录2 金砖国家关于《生物武器公约》的联合声明（摘译）

我们高度重视《生物武器公约》，认为它是禁止全部大规模杀伤性武器的第一个裁军条约。我们欢迎173个缔约国加入公约，强调必须努力确保公约得到普遍遵守。

自1972年以来，《生物武器公约》序言部分所阐述的最初宗旨一直具有现实意义："完全排除细菌（生物）剂和毒素被用作武器的可能性。"在与公约有关的双重用途的科学和技术快速发展的背景下，公约继续具有重要的意义。

今年是《生物武器公约》生效40周年。我们同缔约国一样，对通过一项具有法律约束力的议定书以加强公约的效力和改进公约的执行工作有着广泛的兴趣。金砖国家深信，通过采用一个涉及公约所有条款的，普遍的、合法的、具有约束力的非歧视性议定书，包括以平衡和全面的方式进行核查，将极大地提升公约的有效性。

要充分发挥公约的潜力，就必须在可持续的基础上加强公约，而不受未来变化的影响。通过这样做，我们将发出一个明确的信号，即可以通过多边谈判加强国际安全，从而加强多边主义，加强国际合作，促进公约在减少和消除生物武器对国际和平与安全构成的威胁方面的作用。

在我们继续努力加强《生物武器公约》的同时，我们也必须注重公约的发展与合作的特点。在这方面，我们强调充分和全面地执行公约第十条，缔约国有法律义务促进并有权参与尽可能充分的设备、材料和科学技术信息交流，以便将细菌（生物）制剂和毒素用于和平目的，而不妨碍缔约国的经济和技术发展。

我们呼吁消除对和平生物活动的一切限制，特别是交流促进卫生控制、预防、诊断和消灭传染病领域的能力建设所需的设备、材料和信息，包括生产疫苗和生物材料。

缔约国也可能意识到了恐怖分子获得敏感生物材料的威胁。

必须在安全关切和获得技术进步之间取得平衡。识别和管理生物风险的监督措施应与评估的风险成比例，不应限制用于和平目的的科学。加强对敏感货物和技术的管制必须辅以有关合作的规定，从而使对安全目标的追求不会妨碍技术和科学发展的合法权利。

金砖国家期待与所有利益攸关方合作，以便实现《生物武器公约》的全部潜力。我们期待在2016年举行第八次审查会议，审查公约的运作情况，同时考虑第七届和以往其他审查会议的决定和建议。为此目的，我们支持实质性的筹备进程，并呼吁所有缔约国拿出必要的意愿，促进审查会议取得成功。金砖国家致力于在实现这一目标方面发挥领导和建设性作用。

推荐书目

[1] Barry Buzan, *People, States and Fear: An Agenda for International Security Studies in the Post-Cold War Era*, Boulder, CO: Lynne

Rienner, 1991.

[2] David Dewitt, David Haglund and John Kirton, eds., *Building a New Global Order: Emerging Trends in International Security*, Oxford University Press, 1993.

[3] Emil Joseph Kirchner and James Sperling, eds., *Global Security Governance: Competing Perceptions of Security in the 21st Century*, Routledge, 2007.

[4] 门洪华:《和平的纬度：联合国集体安全机制研究》，上海人民出版社2002年版。

[5] 张家栋:《全球化时代的恐怖主义及其治理》，上海三联书店2007年版。

[6] 陈东晓主编:《全球安全治理与联合国安全机制改革》，时事出版社2012年版。

[7] 李开盛:《人、国家与安全治理——国际关系中的非传统安全理论》，中国社会科学出版社2012年版。

[8] 戴轶:《联合国集体安全制度改革问题研究》，中国社会科学出版社2014年版。

[9] 余潇枫主编:《非传统安全概论》（第二版），北京大学出版社2015年版。

[10] [美] 劳拉·德拉迪斯，覃庆玲、陈慧慧等译:《互联网治理全球博弈》，中国人民大学出版社2017年版。

[11] 尹继武、李月军主编:《全球安全、冲突及其治理》，中央编译出版社2018年版。

[12] 赵晓春主编:《国际安全治理的理论与实践》，时事出版

社 2018 年版。

［13］晋继勇：《全球公共卫生治理中的国际机制分析》，上海人民出版社 2019 年版。

第九章　金砖国家与全球发展治理

导言：发展理念与实践的演变

长期以来，发展一词更多应用于经济领域，经济增长往往成为发展的代名词。追求经济发展以满足人们的物质需求是一件理所当然的事，但为此而无视经济发展的自身规律和其他领域发展的关联性则会带来一系列严重的负面后果。一方面，对经济发展资源的粗放式开发甚至是掠夺不仅会导致经济增长失去赖以支撑的基础，而且也会对环境造成巨大甚至不可挽回的破坏；另一方面，对经济发展的狭隘理解又使得国内社会与国际社会内部的贫富与强弱差距愈发明显，社会分化、利益冲突、两极对立等现象愈发突出。在全球化的助推下，发展逐步成为关乎人类福祉甚至是生死存亡的新安全问题。幸运的是，国际社会已经意识到发展的全面性与系统性，并适时提出了经济、社会与环境三位一体的可持续发展观，同时还通过各种实践努力推动可持续发展目标的有效实现。当然，要想真正践行可持续发展，就必须在不同的领域与议题之间保持适度的平衡，就不得不在必要时就某些问题做出一定的妥协。这既需要高超的治国理政策略，更需要在面对整体和全球共同利益时展现出战略性的政治智慧。

第一节　全球发展治理概述

相对于全球经济治理与安全治理，全球发展治理的定义更加模糊不清。简单来讲，全球发展治理就是对发展问题的全球治理。长期以来，国际社会对发展问题的理解更多局限在对南方发展中国家的国际援助上，但其实全球发展治理比国际发展合作的内容要更加丰富，范围也更加广泛。除了涉及发展中国家的经济社会发展外，全球发展治理同样关注发展中国家与发达国家共同面临的一些发展议题，如环境污染和气候变化等。另外，与国际发展合作更多强调行动与实践相比，全球发展治理还包括了各种治理的理念、规范、机制与制度。①

早在第二次世界大战期间，西方国家就开始关注发展中世界的经济发展问题。战争结束后，发达国家普遍将对发展中国家的经济援助提上了各自的国内和国际政策议事日程，而发展问题也相应成为重建战后世界秩序的重要内容。尽管发展中国家曾试图在联合国

① 黄超：《全球发展治理转型与中国的战略选择》，《国际展望》2018 年第 3 期，第 31—32 页。

系统内倡议建立全球发展合作机制，但却遭到发达国家的抵制和反对。因此，在战后相当长的一段时期内，全球发展治理主要受制于国际货币基金组织和世界银行等“布雷顿森林机构”。当然，这些机构在发展融资、减少贫困、促进经济发展、推动经济结构改革等方面也的确做出了重要的贡献，但其主要服务于西方发达国家利益的本质属性在很大程度上造成全球发展事务的严重扭曲。[①]

对此，日益觉醒和逐渐崛起的第三世界国家开始高调呼吁构建国际政治经济新秩序，并强烈主张在最具合法性的联合国框架内推动全球发展治理。经过发展中国家的不懈努力，联合国于20世纪60年代成立了联合国贸易与发展委员会，并组建了联合国开发计划署。不仅如此，从1960年到2000年，联合国还陆续制定和实施了四个发展十年战略，既致力于推动发展中国家的经济增长，也逐步从经济领域扩大到社会与环境问题，越来越多地关注秩序、公正、权利等多元化议题。总的来讲，上述战略表明了联合国框架下全球发展治理理念的更新与进步，但受制于联合国自身的能力与机制建设、东西方冷战、经济危机等因素，该战略并未取得预期的效果。[②]

表9—1　联合国四个发展十年国际发展战略

第一个发展十年 1961—1970	联合国大会决议 A/RES/1710（XVI）	致力于支持个别国家经济自主增长，促进发展中国家经济增长率大幅增加，并于十年期届满后达到每年最低增长5%的目标

① 谢来辉：《从“扭曲的全球治理”到“真正的全球治理”——全球发展治理的转变》，《国外理论动态》2015年第12期，第5—6页。

② 张贵洪：《联合国、二十国集团与全球发展治理》，《当代世界与社会主义》（双月刊）2016年第4期，第19—20页。

续表

第二个发展十年 1971—1980	联合国大会决议 A/RES/2626（XXV）	每一发展中国家应拟订其本国就业目标，以便吸收更多劳动人民参加现代式工作，并大力减少失业及就业不足； 使全体初级学校学龄儿童入校肄业，改进所有各级教育之素质，大量减少文盲，使教育方案适合发展需要，酌情设置与扩充科学及技术机关； 每一发展中国家应拟定预防及治疗疾病与提高一般健康及卫生水平之同一卫生方案； 营养水平应从平均吸取热量及蛋白质含量方面予以改进，特别重视脆弱人口之需要； 住宅便利应予扩充及改进，尤应照顾低收入人口，以期补救无计划的城市增长及落后农村区域的不幸情形； 儿童福利应予照顾； 确保青年充分参加发展过程； 鼓励妇女充分参与全面发展努力
第三个发展十年 1981—1990	联合国大会决议 A/RES/35/56	致力于促进发展中国家的经济和社会发展，以求大幅度地缩小当前发达国家和发展中国家之间的差距，尽早消灭贫穷和依赖的状况，从而对解决国际经济问题和持久的全球性经济发展做出贡献，并且在正义、平等和互利的基础上得到此种发展的支助

续表

第四个发展十年 1991—2000	联合国大会决议 A/RES/45/199	加快发展中国家经济增长的步伐； 推行照顾社会需要、大量减少赤贫、促进发展和利用人力资源与技能、既无害环境又可以持续的发展进程； 改善国际货币、金融和贸易制度，以支持发展进程； 使世界经济有强健而稳定的环境，在国家和国际上实行健全的宏观经济管理； 坚决加强国际发展合作； 特别努力解决最不发达国家即发展中国家中最弱国家的问题

资料来源：联合国公约与宣言检索系统，http：//www. un. org/zh/documents/treaty/by-topic/development. shtml。

为了进一步加强国际合作以应对 21 世纪的各种挑战，联合国于 2000 年 9 月 6—8 日在纽约举行了千年首脑会议。世界各国领导人就减贫、遏止艾滋病、普及小学教育等问题展开讨论，并表决通过了《联合国千年宣言》。2001 年，联合国秘书长正式公布了以 2015 年为最后期限的八项发展目标，即“千年发展目标”。这是一项由世界上所有国家和主要发展机构共同谋划的宏伟蓝图，旨在最大限度地满足全世界贫困人口的各种发展需求。

表9—2　千年发展目标概况

目标1：消灭极端贫穷和饥饿	靠每日不到1美元维生的人口比例减半； 使所有人包括妇女和青年人都享有充分的生产就业和体面工作； 挨饿人口比例减半
目标2：普及小学教育	确保不论男童或女童都能完成全部初等教育课程
目标3：促进两性平等并赋予妇女权力	最好到2005年在小学教育和中学教育中消除两性差距，至迟于2015年在各级教育中消除此种差距
目标4：降低儿童死亡率	五岁以下儿童的死亡率降低三分之二
目标5：改善产妇保健	产妇死亡率降低四分之三； 到2015年实现普遍享有生殖保健
目标6：对抗艾滋病病毒以及其他疾病	遏止并开始扭转艾滋病毒/艾滋病的蔓延； 到2010年向所有需要者普遍提供艾滋病毒/艾滋病治疗； 遏止并开始扭转疟疾和其他主要疾病的发病率增长
目标7：确保环境的可持续能力	将可持续发展原则纳入国家政策和方案； 扭转环境资源的流失； 减少生物多样性的丧失，到2010年显著降低丧失率； 到2015年将无法持续获得安全饮用水和基本卫生设施的人口比例减半； 到2020年使至少1亿贫民窟居民的生活有明显改善

续表

目标8：全球合作促进发展	进一步发展开放的、遵循规则的、可预测的、非歧视性的贸易和金融体制，包括在国家和国际两个层面致力于善政、发展和减轻贫穷； 满足最不发达国家的特殊需要，包括对其出口免征关税，不实行配额，加强重债穷国的减债方案，注销官方双边债务，向致力于减贫的国家提供更为慷慨的官方发展援助； 满足内陆国和小岛屿发展中国家的特殊需要； 通过国家和国际措施全面处理发展中国家的债务问题，使债务可以长期持续承受； 与发展中国家合作，为青年创造体面的生产性就业机会； 与制药公司合作，在发展中国家提供负担得起的基本药物； 与私营部门合作，提供新技术、特别是信息和通信技术产生的好处

资料来源：联合国官网，http：//www. un. org/zh/millenniumgoals/reports. shtml。

2015 年，联合国秘书处经社事务部在千年发展目标临近尾声之际发布报告，对过去 15 年里八个千年发展目标的落实情况进行了总体回顾与评价。该报告指出，在全球、地区、国家和地方的协同努力下，千年发展目标挽救了数百万人的生命，并改善了更多人的境遇，取得了意义深远的成绩。但与此同时，发展领域仍旧存在诸多有待进一步解决的问题，如性别不平等依然顽固；最贫穷家庭和最富裕家庭以及农村和城市之间存在巨大差距；气候变化和环境恶化危及已取得的进展，穷人受到的伤害最大；冲突依旧是对人类发展最大的威胁；数百万穷人仍然生活贫困，忍受饥饿，无法获取基本服务。对此，联合国呼吁世界各国着手制定新的发展目标，以更好地满足人类发展需求，满足经济转型需要，同时保护环境，维护和平，实现人权，真正做到可持续发展。①

表 9—3　千年发展目标成绩与挑战要点

目标 1	1990 年以来，超过 10 亿人摆脱了极端贫困； 尽管已取得进展，但全世界仍有近半的就业人口在脆弱的条件下工作； 1990 年以来，发展中地区营养不足的人口比例接近减半； 全世界每 7 个儿童中有 1 个体重不足，比 1990 年的每 4 个中有 1 个有所下降； 2014 年底，冲突迫使近 6000 万人抛弃家园
目标 2	估计 2015 年发展中地区的小学净入学率达到 91%，比 2000 年的 83% 有所提高； 全世界小学教育适龄儿童失学人数接近减半，2015 年约有 5700 万，而 2000 年有 1 亿； 1990 年至 2012 年间，撒哈拉以南非洲小学入学人数增长了一倍还多，从 6200 万增加到 1.49 亿； 在发展中地区，最贫穷家庭的儿童失学的可能性是最富裕家庭的儿童的四倍； 1990 年至 2015 年间，全球 15—24 岁青年的识字率从 83% 上升至 91%

① 参见《千年发展目标报告（2015 年）》，https：//unstats. un. org/unsd/mdg/Resources/Static/Products/Progress2015/Chinese2015. pdf。

续表

目标 3	约有三分之二的发展中地区的国家已经实现小学教育的性别均等； 全球约有四分之三的劳动年龄男性参加到劳动力中，而劳动年龄女性只有一半参加； 非农业部门有偿工作者中女性的比例从 1990 年的 35% 增加到今天的 41%； 过去 20 年中，女性在议会中的平均比例增长了近一倍，但每 5 个议员中仍然只有 1 个为女性
目标 4	1990 年至 2015 年间，全球 5 岁以下儿童死亡率下降超过一半，从每 1000 名活产婴儿中 90 人死亡降至 43 人； 1990 年代初以来，全球 5 岁以下儿童死亡率的下降速度提高了两倍还多； 2000 年至 2013 年间，麻疹疫苗接种使死亡人数减少了近 1560 万； 2013 年，全世界约 84% 的儿童获得了至少一剂麻疹防治疫苗； 2015 年，每天有 1.6 万 5 岁以下儿童死亡，大多是死于可预防的原因。儿童存活仍是 2015 年后发展议程必须关注的重点
目标 5	1990 年以来，孕产妇死亡率下降了将近一半，其中大部分下降发生在 2000 年后； 全球由熟练医护人员接生的比例超过 71%，比 1990 年的 59% 有所增长； 在发展中地区，农村由熟练医护人员接生的比例只有 56%，而城市有 87%； 发展中地区只有半数的孕妇获得了推荐的至少四次产前护理； 只有 51% 的国家具有孕产妇死亡原因的数据
目标 6	2000 年至 2013 年间，新感染艾滋病毒的人数下降了约 40%，从估计的 350 万下降至 210 万； 2014 年 6 月，全球有 1360 万艾滋病毒携带者正在接受抗逆转录病毒疗法治疗，比 2003 年的 80 万有很大增长； 2014 年，撒哈拉以南非洲仍只有不到 40% 的 15—24 岁青年掌握关于艾滋病毒的全面正确知识； 由于抗击疟疾措施的推广，2000 年至 2015 年间，疟疾死亡减少了 620 多万例，其中主要是撒哈拉以南非洲的 5 岁以下儿童； 2000 年至 2013 年间，结核病的预防、诊断和治疗挽救了约 3700 万人的生命

续表

目标7	消耗臭氧物质基本上已消除，预计到21世纪中叶臭氧层即可恢复； 1990年以来，全球二氧化碳排放量增长超过50%； 2015年全球有91%的人口使用经改善的饮用水源，而1990年只有76%； 1990年以来，21亿人新获取了经改善的卫生设施，全球露天便溺的人口比例接近减半； 2000年到2014年间，发展中地区生活在贫民窟的城市人口比例从39.4%下降至29.7%
目标8	2000年至2014年间，来自发达国家的官方发展援助实际值增长了66%； 2014年，发达国家从发展中国家进口的79%免关税； 发展中国家外债偿债支出相当于出口收入的比例从2000年的12%下降至2013年的3%； 截至2015年，移动电话信号覆盖了95%的世界人口； 发展中地区仅有三分之一的人口使用互联网，而发达地区有82%

资料来源：《千年发展目标报告（2015年）》，https://unstats.un.org/unsd/mdg/Resources/Static/Products/Progress2015/Chinese2015.pdf。

2015年9月25日，在联合国成立70周年之际，世界各国领导人齐聚纽约联合国总部，共同讨论通过了2015年后发展议程，宣布了17个可持续发展目标和169个具体目标，致力于到2030年在世界各地消除贫困与饥饿；消除各个国家内和各个国家之间的不平等；建立和平、公正和包容的社会；保护人权和促进性别平等，增强妇女和女童的权能；永久保护地球及其自然资源；创造条件，实现可持续、包容和持久的经济增长，让所有人分享繁荣并拥有体面工作，同时顾及各国不同的发展程度和能力。这一新议程旨在巩固千年发展目标的成效，完成千年发展目标尚未完成的使命。而新目标特别强调不可分割的整体性，兼顾了可持续发展的三个方面，即经济、社会与环境，既体现了全球发展治理理念的转型，又标志着全球发展治理开始步入一个新的阶段。①

表 9—4　2030 年可持续发展目标

目标 1	在全世界消除一切形式的贫困
目标 2	消除饥饿，实现粮食安全，改善营养状况和促进可持续农业
目标 3	确保健康的生活方式，促进各年龄段人群的福祉
目标 4	确保包容和公平的优质教育，让全民终身享有学习机会
目标 5	实现性别平等，增强所有妇女和女童的权能
目标 6	为所有人提供水和环境卫生并对其进行可持续管理
目标 7	确保人人获得负担得起的、可靠和可持续的现代能源
目标 8	促进持久、包容和可持续的经济增长，促进充分的生产性就业和人人获得体面工作
目标 9	建造具备抵御灾害能力的基础设施，促进具有包容性的可持续工业化，推动创新
目标 10	减少国家内部和国家之间的不平等
目标 11	建设包容、安全、有抵御灾害能力和可持续的城市和人类住区
目标 12	采用可持续的消费和生产模式
目标 13	采取紧急行动应对气候变化及其影响
目标 14	保护和可持续利用海洋和海洋资源以促进可持续发展
目标 15	保护、恢复和促进可持续利用陆地生态系统，可持续管理森林，防治荒漠化，制止和扭转土地退化，遏制生物多样性的丧失

① 参见《变革我们的世界：2030 年可持续发展议程》，http：//www. un. org/zh/documents/view_ doc. asp？symbol = A/RES/70/1。

续表

目标 16	创建和平、包容的社会以促进可持续发展，让所有人都能诉诸司法，在各级建立有效、负责和包容的机构
目标 17	加强执行手段，重振可持续发展全球伙伴关系

资料来源："变革我们的世界：2030 年可持续发展议程"，http://www.un.org/zh/documents/view_doc.asp? symbol = A/RES/70/1。

第二节　金砖国家全球发展治理主张[①]

以 2015 年为界，金砖国家对全球发展治理的关注先后聚焦于联合国千年发展目标和 2030 年可持续发展议程。金砖四国领导人在首次会晤时就曾指出，国际社会需要加强向受金融危机影响最严重的最贫困国家提供流动性支持的力度，努力将负面影响降到最低，确保实现千年发展目标。为此，发达国家应兑现官方发展援助占其国民总收入 0.7% 的承诺，进一步向发展中国家增加援助、减免债务、开放市场和转让技术，同时充分尊重发展中国家的可持续发展模式，确保发展中国家享有必要的政策空间，从而通过实现包容性增长维护各国团结和全球政治经济稳定。

金砖国家强调，千年发展目标是发展议程的重要里程碑，回应了发展中国家的发展需求。但鉴于发展中国家面临着诸如贫困、不平等、粮食安全、财政缓冲有限、援助资金减少等挑战，个别国家

① 参见历次金砖国家领导人峰会宣言。

特别是非洲和其他南方发展中国家很难自主实现千年发展目标。因此，构建全球发展伙伴关系应在联合国系统的全球发展议程中处于核心地位，特别是可持续发展筹资专家政府间委员会要以官方发展援助作为融资主要来源，帮助发展中国家落实可持续发展，并使其成为环境领域和经济社会战略中的一种主要模式。

金砖国家认为，实现千年发展目标是保障包容、平等和可持续全球经济增长的基础，在2015年后仍需继续推动这些目标的实现并争取更多的资金支持。金砖国家进一步指出，2015年后的发展议程应基于千年发展目标框架，继续关注消除贫困和人的发展，并在考虑发展中国家各自国情的条件下应对其他新的挑战，同时确保在联合国机制框架下推动包容、透明和普遍参与的政府间进程，建立以减贫为中心的整体目标和广泛而综合的发展议程。该议程还应以平衡和综合的方式，以简明、可执行、可衡量的目标，统筹可持续发展的经济、社会和环境因素，并考虑各国情况和发展水平，尊重各国国家政策和优先事项，同时兼顾所有关于可持续发展的里约原则，包括共同但有区别的责任。

在联合国发展峰会审议并通过2015年后发展议程之际，金砖国家郑重承诺将结合本国国情和发展政策，在落实2030年可持续发展议程方面发挥表率作用。为此，金砖国家倡导公平、开放、全面、创新、包容发展，平衡协调推进经济、社会和环境可持续发展，支持联合国包括其可持续发展高级别政治论坛在协调、评估全球落实2030年可持续发展议程方面发挥重要作用，并认为有必要通过改革联合国发展系统增强其支持成员国落实可持续发展议程的能力，同时还再次敦促发达国家按时、足额履行官方发展援助承诺，为发展中国家提供更多发展资源。

一、经济可持续发展

金砖国家指出，创新是经济中长期增长和可持续发展的重要推动力，是结构性改革的核心支柱。金砖国家致力于推动科技创新合作，发挥协同效应，挖掘增长新动能，应对各种发展挑战。为此，金砖国家支持通过技术转移转化，科技园区和企业合作以及研究人员、企业家、专业人士和学生流动等方式加强创新创业合作；鼓励学术界、工商界、民间社会以及其他利益攸关方加大参与力度；支持通过新开发银行等现有基金、机构和平台促进科技创新投资以及跨境投资；同意继续就创新创业合作平台开展工作，支持落实《金砖国家创新合作行动计划（2017—2020）》。

表 9—5　金砖国家创新合作行动计划（2017—2020）

（一）推动金砖国家间创新战略、政策、最佳实践的交流与对话，增强金砖国家之间的互信、互谅、互补和协调一致，加深彼此相互了解，为金砖国家创新合作，尤其是科技创新支撑经济社会发展、打造金砖命运共同体、实现人类可持续发展目标做出贡献
（二）加强科学和研究活动的合作，基于现有机制和联合研究计划，加强包括公私伙伴关系在内的创新合作，打造长期战略产学伙伴关系，满足产业需求，直接推动经济增长与发展；继续鼓励在双边和多边框架下支持研发项目，包括基础、应用研究和创新，继续开展科技创新项目联合征集；理解落实金砖国家研究创新倡议的重要性；推动开放科学、共享研究基础设施；发展并发起国际大科学计划
（三）组织联合活动，以前瞻眼光开展金砖国家科技创新合作的重点任务，跟踪全球科技创新发展

续表

（四）认识到发展科技园区对于区域经济发展的重要性，鼓励开展科技园和高科技企业之间的合作，包括在科技园内成立跨国高科技企业。欢迎就科技园区合作建立定期交流机制，拓宽合作领域
（五）鼓励金砖国家间开展技术转移转化合作、加强从事技术转移的人才培养、搭建产学合作平台，实现创新成果在金砖国家间广泛、有序的转移转化。利用现有技术网络平台，作为寻找国际技术合作和联合科技创新项目合作伙伴的工具
（六）推动金砖五国设立青年创新创业合作伙伴关系，推进该领域务实合作，倡导“鼓励创新、包容失败”的创业精神，努力为年轻一代打造一个有利于创新创业的生态体系
（七）认识到支持科技创新投资的重要性以及建立金砖国家投资方式的必要性，支持加强并通过各国国家开发银行、金砖国家新开发银行等现有资金平台推动创新创业合作
（八）支持科技创新人才流动，尤其是青年科学家、青年创业者之间的交流，解决未来对新技能的需求，分享创新创业技能培训的最佳实践，包括广泛提供科学、技术、工程及数学（STEM）教育，通过联合研究和创新创业合作创造就业，加强青年在创新中发挥的作用。强调妇女在科技创新活动中的作用，是金砖国家科技创新议程的重点任务之一

资料来源：金砖国家领导人第九次会晤官网，https：//www. brics2017. org/dtxw/201708/t20170804_ 1763. html。

金砖国家强调，消除贫困是实现经济可持续发展的重要目的，也是2030年可持续发展议程的首要目标。对此，金砖国家主张建立一个适用于全球所有国家的单一框架和系列目标；敦促发达国家切实履行其对发展中国家的援助承诺；建议国际社会采取一切必要措施，充分考虑发展中国家，尤其是最不发达国家、小岛屿发展中国家和非洲国家的特殊需要，增进社会包容，化解不平等，广泛促进社会发展和社会保障；呼吁关注包括穷人、妇女、移民及残疾人在内的弱势群体。另外，金砖国家还尤为重视区域一体化对促进经济可持续增长以及消除贫困的重要意义，支持发展中国家和地区的一体化进程，并鼓励加大对发展中国家和地区的基础设施投资，从而为在世界范围内消除一切形式的贫困奠定良好的基础。

金砖国家认为，解决饥饿问题是消除贫困的第一步，而促进农业发展，确保粮食安全则是解决上述问题的基本路径。为此，金砖国家特别重视粮食及其他大宗商品价格波动所带来的风险，愿意就粮食安全问题展开更紧密合作，重点挖掘金砖国家在增进全球粮食安全和营养合作方面的潜力，同时呼吁国际社会致力于加强生产国与消费国的对话，增加产能，稳定供需关系，扩大对发展中国家的资金和技术支持，并强化对大宗商品金融衍生品的市场监管，防止出现扰乱市场的行为。此外，金砖国家将加强农业研究合作网络建设，并在金砖国家农业研究平台和农业信息交流系统等机制框架下深化农业合作，包括粮食安全与营养、农业适应气候变化、农业技术合作与创新、农业投资贸易以及农业信息技术应用等五大重点领域。

金砖国家提出，促进充分的生产性就业，确保人人获得体面的工作既是经济可持续发展的重要反映，也是进一步促进经济可持续发展的重要保障。在世界经济日益技术化和知识化的背景下，金砖国家强烈意识到技能培训的重要性，支持《二十国集团促进高质量学徒制倡议》和《金砖国家技能脱贫减贫行动计划》提出的政策建议，致力于进一步就人力资源、就业、社会保障、劳动市场信息系统、金砖国家劳动研究机构网络和金砖国家社会保障合作框架等领域和议题开展合作，确保充分就业和体面劳动，通过技能开发减少和消除贫困，构建普遍、可持续的社会保障体系。

二、环境可持续发展

金砖国家强调，环境合作对金砖国家可持续发展和人民福祉十分重要，同意在预防空气和水污染、废弃物管理、保护生物多样性等领域采取具体行动，推进成果导向型合作，特别是建立一个环境友好型技术分享平台，并通过加强公共和社会资本的合作，共同应对环境挑战。其中，金砖国家呼吁在可持续发展框架下，全面统筹加强水资源领域合作，应对水资源可及性、防洪、干旱管理、供水和卫生、水和气候、水污染防治、河流和湖泊生态系统恢复与保护、水资源管理等问题。此外，金砖国家也认识到在实现生物多样性保护方面存在诸多挑战，支持设定雄心勃勃的资源动员目标，并将采取行动促进国家公园管理部门在濒危物种等生物多样性国际公约和国际论坛方面的合作。

表 9—6 爱知生物多样性目标（爱知目标）

1）采取法律和政策措施，将生物多样性纳入政府和社会工作的主流，从根本上消除导致生物多样性丧失的原因
2）减少生物多样性的直接压力和促进可持续利用
3）通过保护生态系统、物种和遗传多样化，改善生物多样性现状
4）增进生物多样性和生态系统带来的人类福祉
5）通过制定规划、知识管理和能力建设，加强执行工作

资料来源：中国生物多样性保护国家委员会，http：//cncbc. mep. gov. cn/kpzs/rss-wdyx/201506/t20150615_ 303654. html。

金砖国家认为，气候变化是人类实现可持续发展面临的最大挑战和威胁之一，亟需全球携手应对。金砖国家一方面承诺在应对气候变化的全球努力中做出自身贡献，通过可持续和包容性增长而非限制发展来应对气候变化；另一方面则主张在《联合国气候变化框架公约》和《京都议定书》的框架下开展气候变化国际谈判。金砖国家提出，谈判进程应更加透明，确保所有缔约方广泛参与；谈判结果应有助于公平、有效应对气候变化带来的挑战，同时体现公平和共同但有区别责任的基本原则。在金砖国家看来，《巴黎协定》是一项全面、平衡且富有雄心的协定，充分尊重了各国国情，体现了《联合国气候变化框架公约》的各项原则。金砖国家进一步呼吁发达国家履行其提供必要资金、转让技术和能力建设支持的承诺，提升发展中国家减缓和适应气候变化的能力。其中，金砖国家特别强调技术和科学知识转让对于应对气候变化及其不利影响的重要性，同意在各方共同关心的优先问题上开展联合研究。

表 9—7　《巴黎协定》主要目标

(a) 把全球平均气温升幅控制在工业化前水平以上低于 2℃之内，并努力将气温升幅限制在工业化前水平以上 1.5℃之内，同时认识到这将大大减少气候变化的风险和影响
(b) 提高适应气候变化不利影响的能力，并以不威胁粮食生产的方式增强气候抗御力和温室气体低排放发展
(c) 使资金流动符合温室气体低排放和气候适应型发展的路径

资料来源：联合国正式文件系统，https：//documents-dds-ny. un. org/doc/UNDOC/LTD/G15/283/06/pdf/G1528306. pdf? OpenElement。

金砖国家指出，能源对经济发展具有重要的战略意义。金砖国家愿意就能源领域的培训、研发、咨询、技术转让等事宜开展合作。鉴于以化石燃料为主的能源仍然是目前主要的能源来源，并且在可预测的未来仍将在能源构成中占主导地位，金砖国家从应对气候变化的角度提出，可再生能源和清洁能源、新技术开发和提高能效是推动可持续发展，创造新的经济增长，降低能耗并提高资源使用效率的重要动力。考虑到可再生能源和清洁能源与可持续发展之间的重要联系，金砖国家主张在推动化石能源更高效利用的同时，更加广泛使用天然气、水电与核能，为低排放经济、更好的能源获取以及可持续发展做出贡献。此外，金砖国家鼓励设立金砖国家能源研究平台，推进能源合作与能效领域的联合研究。与此同时，努力确保清洁和可再生能源应让所有人负担得起，并建设开放、灵活和透明的能源大宗商品和技术市场，同时适当鼓励可持续地开发、生产和使用生物燃料。

三、社会可持续发展

金砖国家认为，人口红利对推动可持续发展具有重要意义，有必要将人口因素纳入国家发展规划，促进人口和发展长期平衡。但同时也必须注意人口结构变化所带来的挑战，特别是解决性别不平等、妇女权益和青年人问题。对此，金砖国家致力于通过对话、合作、分享经验和能力建设等方式在成员国共同关心的人口问题上展开合作。致力于保障生殖和生育健康以及全民生育权，重视妇女作为发展推动者的作用，承认她们平等和包容的参与和贡献对可持续发展目标至关重要，并强调教育、就业、创业和技能培训对于增强青年的社会和经济权利具有重要意义。

金砖国家认识到教育对于可持续发展和包容性增长的战略重要性，曾致力于在2015年前实现“全民教育”目标和与教育相关的千年发展目标，并强调2015后发展议程应当在这些目标的基础上制定，确保全民都可享有平等、包容和高质量的教育并终身学习。除了表示愿意同其他国际机构展开合作外，金砖国家主张一方面通过职业教育和培训增加年轻人加入劳动力市场的就业机会，另一方面则通过支持金砖国家大学联盟和金砖国家网络大学开展教育与合作研究，呼吁金砖国家相互承认大学文凭与学位。此外，金砖国家还欢迎推动教育智库合作，包括组织青少年夏令营，提供更多奖学金以扩大青年交流。

表9—8　《新城市议程》关于城市和人类住区的共同愿景

(a) 能够履行社会功能，包括土地的社会和生态功能，以逐步实现以下目标：人人不受歧视地充分实现适当生活水准权所含的适当住房权，人人普遍享有安全和负担得起的饮用水和卫生设施，以及人人平等获得在粮食安全和营养、卫生、教育、基础设施、出行和交通、能源、空气质量和生计等方面的公共产品和优质服务
(b) 具有参与性，促进市民参与，使所有居民都能产生归属感和主人翁意识，优先确保家庭友好型的安全、包容、便利、绿色和优质的公共空间，适当加强社会和代际互动、文化表达和政治参与，在和平与多元的社会里促进社会凝聚力、包容性和安全感，让所有居民的需求都得到满足，并认识到处境脆弱者的特殊需求

续表

(c) 实现性别平等，增强所有妇女和女童的权能，为此确保妇女充分和有效地参与所有领域和各级决策领导，并享有平等权利；确保所有妇女都享有体面工作，实现同工同酬或同值工作同等报酬；防止和消除私人和公共空间中对妇女和女童的一切形式的歧视、暴力和骚扰
(d) 能够迎接当前和未来持久、包容和可持续经济增长的挑战和机遇，借助城市化促进结构转型、高生产力、增值活动和资源效率，发挥地方经济作用，并注意到非正规经济部门的贡献，同时支持其可持续地向正规经济部门过渡
(e) 能够履行跨越行政边界的地域职能，为各级落实平衡、可持续和综合的城市和地域发展发挥枢纽和驱动作用
(f) 能够促进顾及年龄和性别平等的规划和投资，使人人享有可持续、安全和便利的城市出行工具以及节约资源型客运和货运交通系统，实现人员、地点、货物、服务和经济机会的有效联通
(g) 能够采取和落实灾害风险减轻和管理措施，降低脆弱性，增强韧性以及对自然和人为灾害的反应能力，并促进减缓和适应气候变化
(h) 能够保护、养护、恢复和促进城市和人类住区内的生态系统、水、自然生境和生物多样性，最大限度地减少它们对环境的影响，并转向可持续的消费和生产模式

资料来源：联合国公约与宣言检索系统，https：//www. un. org/zh/documents/treaty/files/A – RES – 71 – 256. shtml。

金砖国家指出，作为城镇化发展最快的国家，金砖国家在城镇化问题上面临着诸多机遇与挑战。金砖国家呼吁在城市治理、促进城市安全和包容、改善城市交通、城市基础设施建设融资、建设可持续发展城市等方面加强合作，并通过参与联合国住房和可持续城市发展大会进程，举办金砖国家城市化论坛、金砖国家友城论坛、城市化和城市基础设施建设论坛等方式协调行动，相互学习交流最佳实践和技术，从而为社会做出有益的改变。

第三节　金砖国家全球发展治理实践

鉴于自身经济实力的快速增长和相互之间双边发展合作的经验积累，以及传统援助国在落实发展承诺方面引发的失望和不满，金砖国家将国际发展视为金砖合作的一个重要领域，并推出了一套相对独立且系统性的理念与做法，为改革全球发展治理结构，塑造全球发展治理议程注入了新的动力。总的来讲，金砖国家对于全球发展治理机制的参与是有所区别的。比如，在发达国家主导的“经济合作与发展组织—发展援助委员会”（OECD-DAC）中，金砖国家的态度非常谨慎，不承认原则与义务的普适性，而是强调南南合作的特殊性；在二十国集团中，金砖国家能够就发展合作议题与发达国家进行较为平等的对话，因而参与姿态更为积极，也更注重相关发展议程的细化与执行；在联合国发展合作论坛中，金砖国家则更倾向于强调南南合作与南北合作的相互补充。①

尽管金砖国家在上述合作机制中尚未形成正式且统一的日常协调，但是金砖国家在全球发展治理事务中也的确出现过“用一个声音说话”的情况。比如，2017 年 4 月 18 日，联合国大会召开了“可持续发展目标筹资问题高级别讨论会”。作为当年金砖国家领导

---

① 参见汤蓓：《金砖国家对全球发展治理机制的选择性参与》，朱杰进主编：《金砖国家与全球经济治理——复旦国际关系评论——第十八辑》，上海人民出版社 2016 年版，第 36—54 页。

人会晤的轮值主办国，中国代表金砖国家在会上做了共同发言。这也是自金砖合作机制成立以来，金砖国家首次就重大国际问题在联合国共同发声。金砖国家认为，世界经济复苏势头脆弱，动能不足、治理滞后、发展失衡三大矛盾突出。全球贸易和投资低迷，多边贸易体制受到冲击，国际发展合作面临严峻挑战。发展筹资是落实2030年可持续发展议程的关键，但该问题面对的困难愈加突出。对此，金砖国家建议，加强政治意愿，切实落实《蒙特雷共识》《发展筹资多哈宣言》和《亚的斯亚贝巴行动议程》；拓宽筹资渠道，优先为发展中国家落实2030年可持续发展议程提供资金支持；完善全球经济治理，营造良好国际发展环境；携手创建公平、开放、透明的国际贸易和投资环境，反对贸易保护主义。①

又如，2017年9月5日，新兴市场国家和发展中国家对话会在金砖国家领导人厦门会晤期间成功举行。领导人围绕“深化互利合作，促进共同发展”的主题，就“落实可持续发展议程”和“建设广泛的发展伙伴关系”进行了深入交流。会后发布的主席声明指出，2030年可持续发展议程规划了国际发展合作的新蓝图。全面落实2030年可持续发展议程，对推进世界和平与发展事业、构建人类命运共同体具有重要的现实和长远意义。国际社会应切实将政治承诺转化为具体行动，携手走上创新、协调、绿色、开放、共享的可持续发展之路。各国应承担起落实可持续发展议程的首要责任，将可持续发展议程同本国发展战略有机结合，增强发展内生动力，推动

① 参见“金砖国家首次在联合国会议上做共同发言”，新华社，2017年4月19日，http://www.xinhuanet.com/world/2017-04/19/c_1120837885.htm。

经济、社会、环境三大领域协调发展，为自身发展和国际发展合作营造良好政策环境。优先做好消除贫困、促进增长、扩大就业等工作，使发展成果惠及全体人民。发达国家应切实履行官方发展援助承诺，加大对发展中国家支持。①

具体就粮食安全合作而言，金砖国家在首次领导人会晤期间就发表了《金砖国家关于全球粮食安全的联合声明》，并在以下几个方面开展了卓有成效的合作：一是确立了基本合作架构，包括召开年度农业部长会议，设立粮食安全合作工作组，制定农业合作行动计划等；二是搭建了农业科技信息交流平台，包括金砖国家基本农业信息交流系统、金砖国家农业科技战略合作联盟、农业技术合作论坛、金砖国家农业研究平台等；三是加强了农产品贸易方面的合作，并以超过世界总量40%的粮食产量，为保障全球粮食安全做出了重要贡献；四是在全球粮食安全体系中进行了协调，包括在联合国三大粮农机构中建立协商小组，在世贸组织谈判中针对共同关心的问题展开讨论，并共同支持金砖成员国相关人选担任全球主要粮食安全治理机构负责人。当然，金砖国家开展粮食安全合作也面临着诸如合作动力有待加强，合作机制有待完善，合作领域有待深化等多方面的挑战。②

具体就全球气候治理而言，早在20世纪90年代之初，金砖国家中的部分成员就已经开始在全球气候领域展开合作，最典型的即是由巴西、南非、印度和中国构成的“基础四国”。金砖合作机制正

① 参见“新兴市场国家与发展中国家对话会主席声明”，https://www.brics2017.org/dtxw/201709/t20170905_1959.html。

② 参见张蛟龙：《金砖国家粮食安全合作评析》，《国际安全研究》2018年第6期，第118—124页。

式启动后，金砖国家先后多次在领导人会晤宣言中表明了关于合作应对气候变化的态度与举措，并于2015年在构建金砖国家气候与环境合作机制上取得了实质性进展，同时通过金砖国家环境部长会议的平台凝聚共识，成功推动了《巴黎协定》的签署，为2020后全球应对气候变化行动做出了积极贡献。迄今为止，金砖国家已经构建起以绿色金融为支撑、能源结构转型为导向、新能源与环境合作为途径的气候合作机制，并通过金砖国家新开发银行的绿色金融创新，大力支持各种绿色能源项目，促进金砖合作的可持续发展。①

具体就教育合作特别是高等教育而言，金砖国家大学联盟和金砖国家网络大学的创建是两个比较突出的例子。2013年，金砖国家部分高校共同发起了组建金砖国家大学联盟的倡议，旨在开展共同研究与高端人才培养。2014年，金砖国家领导人在福塔莱萨宣言中鼓励进行这方面的努力和尝试，并于次年明确表示了支持态度。2015年10月17—18日，金砖国家大学校长论坛在北京师范大学举行，会议通过了《金砖国家大学校长论坛北京共识》，正式宣布成立金砖国家大学联盟。

表9—9 《金砖国家大学校长论坛北京共识》主要内容

本着开放、包容、合作共赢的金砖国家精神，在尊重各自社会所具有的多样性的前提下，强调全球化时代我们之间的互补性，决心加强彼此间的交流与合作。我们立志推动高等教育发展，服务金砖国家的社会进步与人类发展，建设一个更加包容的社会，提升金砖各国人民之间的相互理解

① 参见左品、蒋平：《金砖国家参与全球气候治理的动因及合作机制分析》，《国际观察》2017年第4期，第66—68页。

续表

共同搭建协同攻关与学术交流的平台，努力提升全球知识创新，提升人民生活水平，巩固并增强金砖国家在全球智力竞争中的影响力
秉持以人为本的教育理念，共同关注青年学生的全面发展，致力于培养具有国际视野的创新型人才，凝聚共识，夯实金砖国家未来友谊与合作的基础
倡导平衡、可持续的发展模式，以实现经济发展与环境保护的和谐统一，推动金砖国家选择适合各自国情的发展战略

资料来源：新华网，2015 年 10 月 24 日，http：//www. xinhuanet. com/politics/2015 - 10/24/c_ 128352384. htm。

2015 年，金砖国家领导人在俄罗斯乌法会晤时表示，支持建立金砖国家网络大学的倡议。同年 11 月，第三次金砖国家教育部长会议在莫斯科召开。五国代表共同签署了《关于建立金砖国家网络大学的谅解备忘录》，正式宣告成立金砖国家网络大学，致力于在能源、计算机科学和信息安全、金砖国家研究、生态学和气候变化、水资源和污染治理、经济学等六个优先领域开展合作。2016 年 4 月，金砖国家网络大学第一次全体会议在俄罗斯乌拉尔联邦大学召开，会议通过了网络大学的官方标识与口号，讨论了各领域的具体行动计划。同年 9 月，网络大学的各项会议机制正式得以确立。2017 年 7 月，第二届金砖国家网络大学年会签署了《金砖国家网络大学国际管理董事会章程》《2017—2018 金砖国家网络大学行动计划》《2017 年金砖国家网络大学年度会议郑州共识》等重量级文件，达成了一系列多边和双边合作协议。[1] 2018 年 7 月，第三届金砖国家网络大学年会在南非举行，与会代表围绕“深化金砖国家大学间合作：研究生的机遇与挑战”的主题进行了热烈讨论，并于会后发布了《斯坦陵布什宣言》。

附录

附录 1 金砖国家农业合作行动计划 2012—2016（摘译）

一、创建金砖国家农业基础信息交流系统（由中国与其他四个国家协作协调）

（1）各成员国应承诺定期进行农业基础信息交流；

（2）各成员国应指定一名信息员负责农业基础信息的收集、汇编及英译本，并通过金砖国家农业合作工作组的联络点向其他成员国传播；

（3）信息交流主要通过互联网以电邮、即时通讯、视频会议等形式进行；

（4）交流的信息应包括：

（a）农业发展政策，包括农业价格支持政策、农村金融和保险政策以及农业管理制度；

（b）农业贸易数据和政策；

① 参见 2017 金砖国家网络大学年会官网，http：//brics. ncwu. edu. cn/cn/channels/2089. html。

（c）主要农产品市场价格；

（d）动态信息，例如农业科学和技术的最新发展；

（e）与渔业和水产养殖有关的立法、政策和管理战略；

（5）建立一个关于挑战和风险评估的信息交流机制，在特设工作组年度会议上评估金砖国家农业面临的挑战和风险及其对全球农业发展的影响；

（6）拟订行动计划执行工作的协调机制，同意定期编写国家报告；

（7）信息库应与G20创建的非盟驻苏特派团链接，以免重复；

（8）可根据所有成员国的需要，在商定的基础上不时调整拟交流的信息；

（9）所有成员提交的信息只能在金砖国家农业部门之间共享；

（10）建立农业生产、消费和人口增长信息交流机制，就金砖国家农业发展的共性问题进行讨论交流。

二、制定确保最脆弱人口获得粮食的一般战略（由巴西与其他四个国家协作协调）

（1）举办研讨会，交流成员在确保最脆弱人口粮食安全方面的政策和经验；

（2）加强在牲畜、渔业方面的技术和工业合作，特别是在海水和淡水养殖领域，以加强渔业对确保国家粮食安全的贡献；

（3）推动能力建设和人力资源开发战略，以确保最脆弱人口获得粮食；

（4）举办“最脆弱人口供餐系统现代化”研讨会，重点是国家粮食和营养安全系统和从小农户采购公共粮食问题；

（5）举办小农可持续集约化农业生产与生产力研讨会；

（6）在粮农组织内设立一个金砖国家小组，该小组还将在联合国世界粮食计划署内采取行动，以协调促进粮食安全的举措、粮食安全领域的项目和学校膳食，以及鼓励购买家庭农业的当地粮食的机制。

三、减少气候变化对粮食安全和农业适应气候变化的负面影响（由南非与其他四个国家协作协调）

（1）联合开展农业温室气体排放计量和气候适应性高产农业生产研发。重点研究农业温室气体测量技术和方法、气候适应性作物高产新品种的综合农作制度、气候适应性高产作物和动物生产管理技术研发、气候适应性高产农业生产技术开发等；

（2）举办研讨会，就保护性耕作、节水农业、农艺改良、农业保险等应对气候变化、促进农业可持续发展的技术或政策措施交换意见；

（3）在农业领域共同开展适应气候变化的磋商与合作，在易受气候变化影响的干旱地区分享与粮食、饲料、纤维和能源替代来源相关的技术和信息；

（4）协调利用最新技术保护环境和监测气候负面影响的活动。

四、加强农业技术合作与创新（由印度与其他四个国家协作协调）

（1）建立金砖国家农业科技战略合作联盟，每隔一年在五国交替举办一次农业技术合作论坛，加强对话交流，共同分析世界农业技术面临的重大挑战，探讨金砖国家如何共享科技资源，促进农业技术发展，提高科研效率；

（2）召开金砖国家农业渔业合作会议，每隔一年轮流在五国就农业、渔业和水产养殖发展趋势及研究重点交换意见，并讨论五国在农业、渔业和水产养殖领域的管理、研究和产业合作；

（3）加强资源环境合作和生物能源开发、作物残渣回收利用，就农业发展和能源开发、资源环境保护等进行研讨交流；

（4）开展低碳渔业技术协同研究，包括渔船节能减排、水产养殖和人工湿地碳汇功能、循环水养殖系统等技术开发与协同研究；

（5）推动就预计到2016年实现的战略目标达成共识；

（6）建立一个创新项目商店；

（7）促进技术合作，以加强传统生产形式，维护生物多样性；

（8）就粮食饮食制度进行对话和分享研究，以扩大粮食生产的多样性；

（9）促进关于TEEB（生态系统和生物多样性经济）合作，以加强农业的环境保护；

（10）在水和肥料的可持续利用方面进行合作；

（11）举办关于采用生物技术前沿科学政策的研讨会；

（12）交换种质资源，开展杂交水稻、杂交玉米、小麦、豆类、油料种子、园艺等作物育种研究，示范推广保护性耕作、土壤改良技术、平衡施肥、新型施肥源等增产技术，提高作物单产和品质。

五、贸易和投资促进（由俄罗斯与其他四个国家协作协调）

（1）推动贸易投资合作。金砖国家要通过举办展览会、贸易投资论坛等活动，承诺促进农业企业间贸易投资合作，鼓励和协助各国企业参加金砖国家举办的经贸促进活动；

（2）通过设计和开发配套设施，促进市场基础设施建设；

（3）探索增加农业贸易和投资价值的可能性。

附录2　第四次金砖国家环境部长会议联合声明（摘译）

我们，巴西联邦共和国、俄罗斯联邦、印度共和国、中华人民共和国和南非共和国的环境部长和代表团团长，于2018年5月18日在德班举行了第四次金砖国家环境部长会议。

我们重申，我们致力于实现2030年可持续发展议程和可持续发展目标的重要性，其中明确阐述了国际发展优先事项和全球发展合作，以实现到2030年消除贫穷的最终目标。

通过采用特殊和差别待遇，国际社会对共同和公平的可持续发展和繁荣做出重大承诺，没有落下任何人。这些手段和机制对执行特殊和差别待遇至关重要，金砖国家在此呼吁早日履行对技术促进机制和发展筹资的全球承诺。

我们欢迎为执行2030年可持续发展议程建立各种伙伴关系，并呼吁善治以加强执行行动，将可持续发展纳入与可持续消费和生产有关的社会和经济发展政策核心。

关于气候变化，金砖国家欢迎在最后确定《巴黎协定》下的工作方案方面取得的进展，并表示我们愿意继续与其他各方建设性地合作，在2018年12月举行的联合国气候变化会议上完成有关谈判。

我们重申对《巴黎协定》的承诺，并敦促发达国家继续发挥领导作用，支持发展中国家，包括转让所需的技术，因为这是气候行动最关键的推动力之一。我们重申呼吁加强金砖国家在生物多样性保护、可持续利用以及生物资源的公平获取和惠益分享领域的合作与协作，并承诺促进与生物多样性有关的国际公约和论坛的合作，包括关于濒危物种的公约和论坛。

我们承认在建立金砖国家无害环境技术合作平台方面取得的进展。该平台的目标是务实和注重成果，包括合作伙伴、科学和国际组织、民间社会、私营部门和金融机构，如新开发银行。我们将利用这一平台，作为执行金砖国家环境谅解备忘录中商定的项目和方案的协调机制。

我们欢迎促进金砖国家在废物管理和污染预防领域的合作，特别是在可持续消费和生产方面加强金砖国家间循环经济合作第四次部长级会议的主题。

我们重申，推广废物管理的循环办法，对实现 2030 年可持续发展议程第 12 项所列的可持续消费与生产目标以及联合国环境大会的“全球零污染”主题做出了重大贡献。

我们承认，在可持续消费与生产背景下的循环经济方法旨在尽可能长时间地保持资源的使用，在使用时从中提取最大价值，然后在每个使用寿命结束时回收和再生产产品及材料。

我们欢迎金砖国家在促进海洋经济方面的合作与协作的巨大潜力，这一事项包括了多个部门。我们将探讨加强我们在海洋保护和海洋治理方面的合作，并考虑将合作的范围可能限于环境部的方案，尽管金砖国家的海洋经济合作将力求影响海洋经济的所有部门并与之合作。我们承诺与包括私营部门在内的有关政府机构和利益攸关方一起继续开展这项工作。

我们打算在可持续发展的基础上，以综合方式加强水领域的合作，处理水安全、防洪、供水和卫生、水和气候等主题，系统地促进水污染预防和控制、水生态系统养护和水资源管理。

我们强调我们的集体利益，即改善我们国家的水基础设施，以管理我们的天然水源，同时考虑我们土著和当地社区有关水资源及其维持的传统认知。

我们欢迎在制定环境合作谅解备忘录方面取得的进展，并期待在南非担任金砖国家主席期间签署该备忘录。

我们也欢迎联合国环境规划署和联合国工业发展组织参与金砖国家的环境合作。

附录3 第六届金砖国家教育部长会议开普敦教育和培训宣言（摘译）

认识到金砖国家所有成员国接受教育和培训的机会正在迅速扩大，所有成员国在促进教育公平、提高质量和包容性教育方面面临共同的挑战；欢迎金砖国家成员国之间交流良好做法和促进信息交流，包括承认资格、以工作场所为基础的学习、技术和职业教育与培训、数字化以改善教育和培训以及大学伙伴关系；并确保成员国之间的协调和更深入的合作，兹声明：

1. 重申我们对联合国可持续发展目标 4 的承诺，该目标旨在“确保开展包容和公平的优质教育并促进所有人的终身学习机会”。

2. 通过以下方式加强金砖国家成员国在技术援助方面的合作：

2. 1. 重振每个成员国的技术和职业教育培训（TVET）工作组，确定一个协调中心，制定 TVET 合作行动纲领；

2. 2. 促进关于 TVET 教育者发展、TVET 资格和 TVET 课程信息和框架的交流，包括在金砖国家之间开设开放的在线课程；

2.3. 巴西将促进 TVET 合作：

2.3.1. 主办一次研讨会，以展示金砖国家各自 TVET 机构的创新；

2.3.2. 鼓励与金砖国家工商理事会（金砖国家技能发展工作组）和金砖国家劳工和就业部长会议（金砖国家劳工就业工作组）共同制定 TVET 举措，并扩大以工作为基础的学习机会。

3. 支持金砖国家网络大学协调进程的建立。俄罗斯同意就建立这样一个进程提出建议，并将在 2018 年 10 月举行的国际管理董事会（IGB）会议上提出。

4. 支持南非提出的关于金砖国家网络大学博士课程的建议。

5. 鼓励金砖国家网络大学国际专题组在专业领域统一教育质量标准。

6. 支持设立一个工作组，以制定关于质量保证、资格认证和承认的参考草案框架，这将使金砖国家成员国之间的学习和学生流动得到改善。

7. 交流金砖国家成员国内部可用于推动合作的现有筹资机制的信息。

8. 鼓励金砖国家网络大学通过 ITGs，积极推进第四次工业革命的研究合作。

9. 鼓励金砖国家网络大学和金砖国家大学联盟制定教育工作者流动和学生流动计划。

10. 支持印度提出的一项倡议，即制定一项关于数字化的提案，以改善教育和培训以及这一领域的政策。这将包括对金砖国家成员国各学校、学院和大学的数字学习（电子学习）进行比较研究，以便从好的做法中学习和运用经验。

11. 在教育中弘扬价值观和道德规范。

12. 共同探讨是否有可能向金砖成员国学生颁发金砖国家奖学金，以使他们能够在对方国家继续深造。这将巩固金砖国家人与人之间的纽带和相互学习。

13. 确保上述方案和项目得到金砖国家各部委指派的高级教育官员及联络人的协调。

14. 鼓励参加2019年将在巴西举行的第四次金砖国家网络大学年会和2019年5月在俄罗斯圣彼得堡举行的教育和世界城市大会。

推荐书目

［1］Ahmed Shafiqul Huque and Habib Zafarullah, *International Development Governance*, Boca Raton, London and New York: Taylor & Francis Group, 2006.

［2］Thomas G. Weiss and Rorden Wilkinson, eds., *International Organization and Global Governance*, London: Routledge, 2013.

［3］钟茂初、史亚东、孔元：《全球可持续发展经济学》，经济科学出版社2011年版。

［4］马光等：《环境与可持续发展导论（第三版）》，科学出版社有限责任公司2014年版。

［5］左常升主编：《国际发展援助理论与实践》，社会科学文献

出版社 2015 年版。

[6] 朱丹丹、孙靓莹、徐奇渊：《重振可持续发展的全球伙伴关系》，社会科学文献出版社 2016 年版。

[7] 顾佳峰：《减少不平等与可持续发展》，社会科学文献出版社 2016 年版。

[8] 袁倩主编：《全球气候治理》，中央编译出版社 2017 年版。

[9] 联合国经济和社会事务部，上海社会科学院信息研究所译：《可持续发展目标使用手册》，上海社会科学院出版社 2018 年版。

[10] 李农等：《全球可持续发展案例》，上海社会科学院出版社 2018 年版。

[11] 孙伊然：《全球发展治理与中国方案》，上海社会科学院出版社 2018 年版。

[12] 鲁刚、毛吉康：《全球能源治理：理论、趋势与中国路径》，社会科学文献出版社 2018 年版。

后　记

2013年5月，四川外国语大学正式成立金砖国家研究院。与此同时，为了加强金砖国家研究领域的人才培养，国际关系学院自2013年9月起为比较制度学专业的硕士研究生开设了《金砖国家与全球治理》课程，并在为国际政治、外交学专业本科生开设的《大国关系》课程中增加并突出了金砖国家的相关内容。在教学过程中，编者曾向学生推荐过各种有关金砖国家的书目，但感觉市面上已有的著作要么仅限于一般性的介绍，要么聚焦于十分专业的议题领域，这对于需要兼顾综合性与专业性的课堂教学和学生学习来说存在诸多不便，尤其是缺少一些专门从国际关系视角解读金砖合作与全球治理的参考读物。为此，编者应日常教学的实际需求，借用学界已有的研究成果，并按照课程大纲的基本思路，编写了《金砖国家与全球治理》一书，作为相关课程的教材或参考书目。

在本书编写过程中，修学《金砖国家与全球治理》课程的几届研究生都做出相应的贡献。其中，范心竹、郑莹、肖涵、李琛、李文倩、王宇航、张铭瑶等同学在搜集和整理材料方面贡献最多，尤其是王宇航和张铭瑶两位同学在辅助本书后期修改与完善上发挥了积极且重要的作用。除此之外，西华师范大学印度问题研究专家龙兴春教授和四川外国语大学谌华侨博士、游涵博士还为学生的拓展学习推荐了经典的阅读书目。四川外国语大学的张庆博士、周思邑老师也与编者分享了他们编写教材的丰富经验。在此，对他们所有人表示由衷的感谢。当然，本书得以最终出版，一方面要感谢丛书总主编肖肃教授一直以来的关心和叮咛，另一方面则要感谢国际关系学院领导在编写过程中给予的各种帮助和支持。另外，还要感谢时事出版社的谢琳主任和本书责编。他们在编辑和出版工作上的专业水准和耐心与细心，是促使编者排除各种干扰因素，努力完成编撰工作的又一大动力。在此，也对他们的辛勤付出表示衷心的感谢。

最后，特别需要致敬和感激的是国内学界所有在金砖国家研究和全球治理研究领域做出学术贡献的前辈和同仁们。他们的文章都以注释或附录的形式体现在本书的特定章节。在此，编者就不一一列举了。正是基于他们的研究成果，本书才有机会成为学生专业学习的教材和面向公众的普及读物。如有对某些观点理解错误或不当之处，皆因编者能力和水平有限，欢迎各位同行与广大读者批评指正。我们将总结既有经验并结合今后的教学和研究实践，不断加以改进和完善。

朱天祥

2019 年 4 月 8 日